U0138727

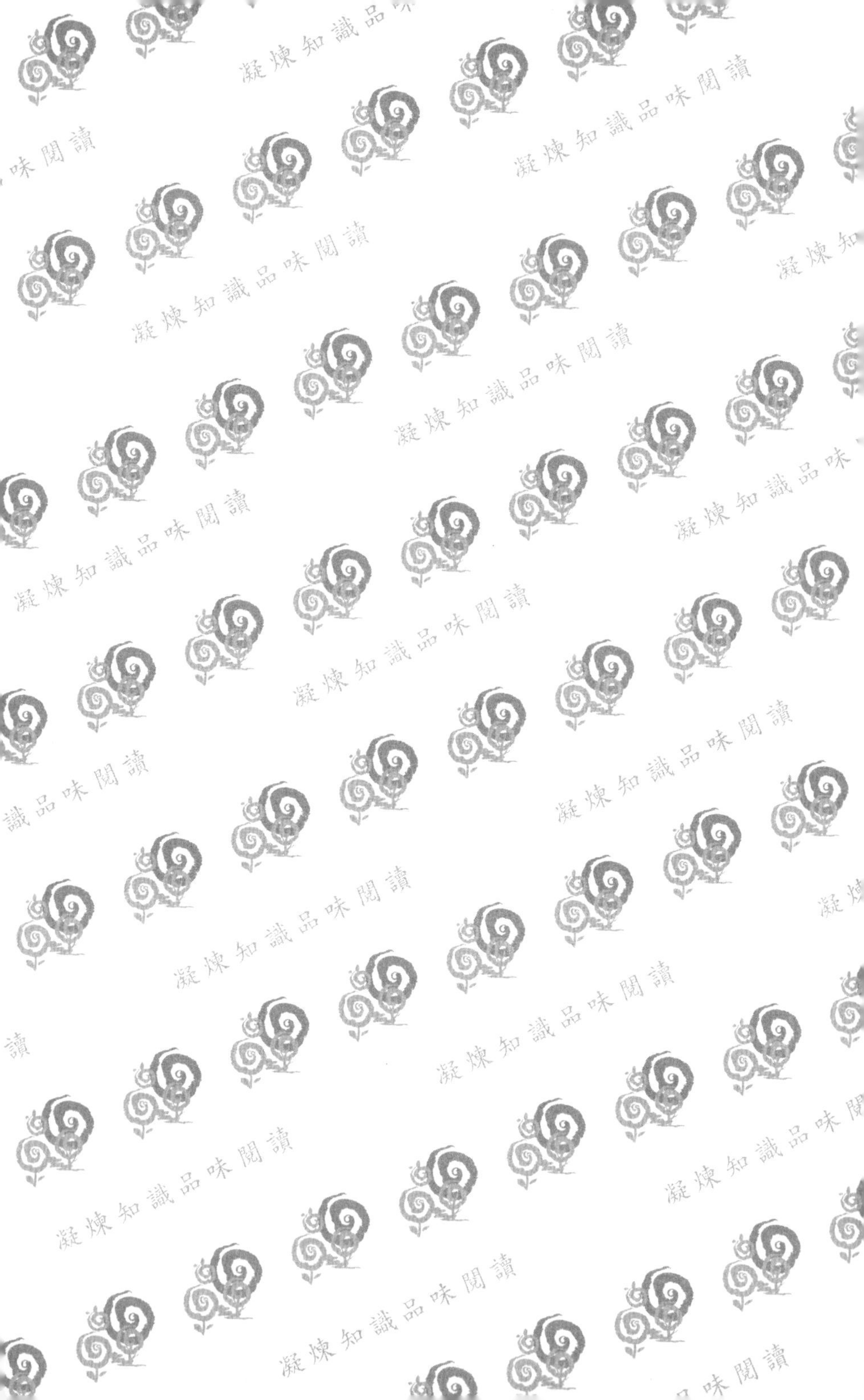

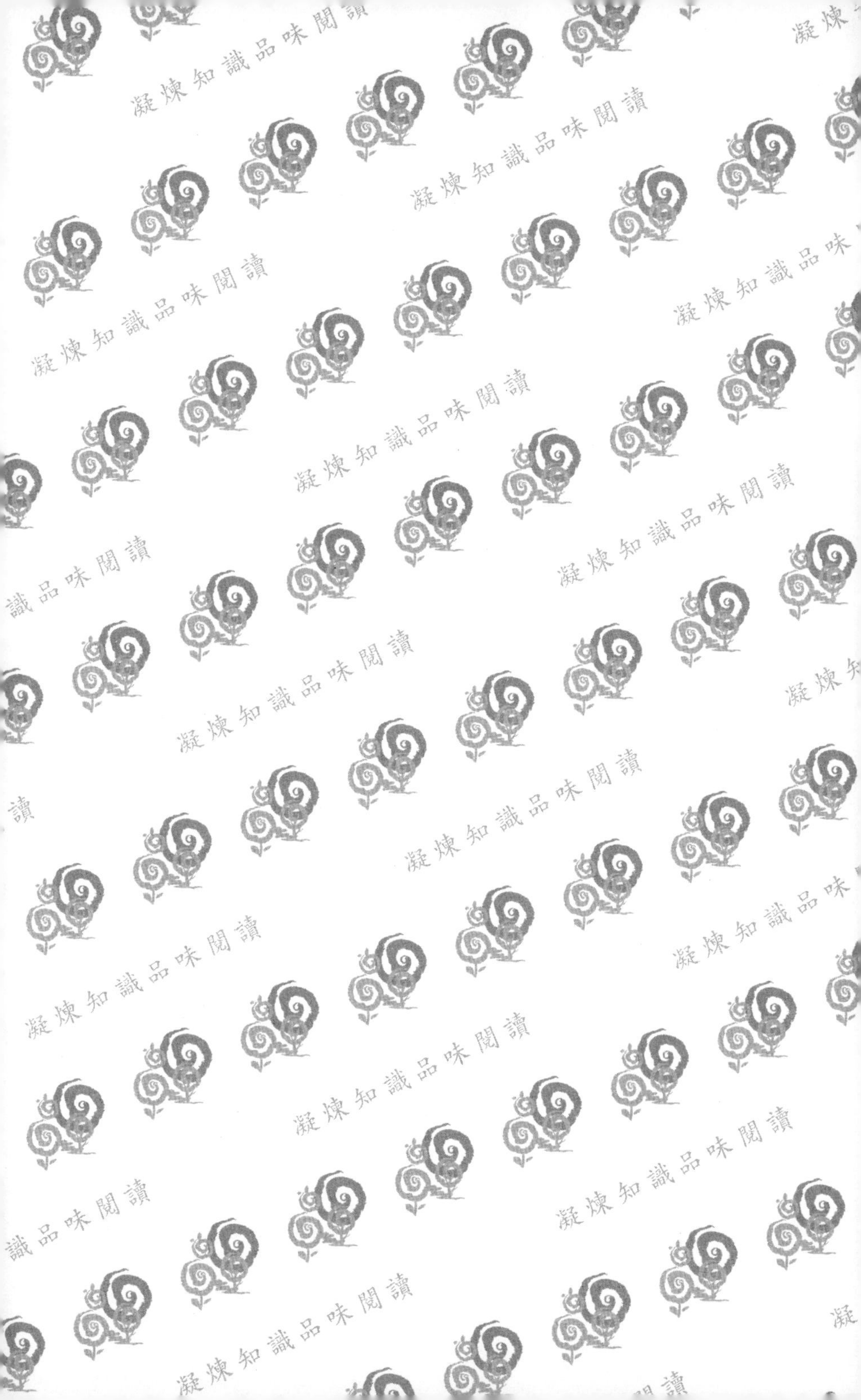

# 教師專業

## 教師的生存發展之道

張德銳　著

五南圖書出版公司 印行

# 序

國內屏風表演班創辦人李國修曾經說過一句話：「一個人的一生只要做對一件事情就可以了。」我有幸身為一位老師，又何其有幸，終其一生只在做一件有意義的事情，那就是為教師的專業化服務過、奉獻過。因為我堅信在當前政治化、市場化、科層化、複雜化且多元多變的教育環境裡，要能生存、發展和永續，唯有走向專業，才能確保教職工作有更美好的明天。

就在這樣一個信念下，我從民國78年公費留美學成歸國後，無論從事師資培育、教學視導、教學輔導、教師評鑑、教育領導等教學、研究與推廣工作，都聚焦在「教師專業」這一個主軸上。「德不孤，必有鄰」，我很高興和一群教授、行政人員和基層教師們，攜手同心一起走在為教師專業共同努力的大道上。雖然我們承認中小學教師目前還是處於半專業的地位，但由於我們真積力久的努力，也許總有一天，我國中小學教師會像醫師、律師、心理師一樣享有全專業的地位。

時光飛逝，一轉眼，我已步入耳順之年，受國家社會栽培，深覺在我還有體力與心力為國家社會服務的時日裡，有必要把近二、三十年來，我在教師專業方面的理論學習與實務參與經驗，以較輕鬆的筆調和教育界同儕及中小學教師分享。所以近兩年來，我陸續在《師友月刊》和《臺灣教育雙月刊》投稿了十三篇短文，內容從好老師的師道形象說起，再談教師專業倫理、教師專業標準和教學發展趨勢，其次論及師資職前教育、教師導入輔導以及教師研習進修，接著再說明專業發展導向的教師評鑑和不適任教師處理，最後則以教師生涯進階、教師領導以及教師彰權益能結尾。由於我才疏學淺，實務經驗不足，所秉持的觀點無法廣博深入，且不一定正確明智，還請各位先進不吝指正。

本書之得以問世，要深深感謝《師友月刊》和《臺灣教育雙月刊》同意我專載這十三篇短文，部分文章我做了若干觀點及文字上的修正。另外，臺北市西湖國中退休校長劉榮嫦女士，除協助潤飾每一篇文章，也提供諸多寶貴的修正建議，備極辛勞，從文字的修正過程中，我深深敬佩她的中文造詣，向她學習後，獲益良多。最後，在教師專業這一條道路上，謹向和我一起打拼的專家學者和實務工作者，致上最高的敬意與謝忱。

天主教輔仁大學師資培育中心教授

張德銳 謹識

中華民國105年7月15日

# 目次

# 1

# 好老師讓人記一輩子

「好老師記一輩子。」老師對於學生的未來影響實在深遠，在我的生命中確實也曾遇到許多好老師，讓我永銘於心。本文舉出兩個眞實的例子，以彰顯教育界正向的力量。盼這些正向力量的傳播，能引起迴響，讓我們的教育界走向更美好的新境界。

最近教育部和關懷臺灣文教基金會共同發起了「好老師記一輩子」的敬師活動，讓我深有所感。記得小時候，臺灣社會處於物質匱乏年代，但是尊師重道的精神深植人心。現今，臺灣社會富裕了，早已走向小康社會，但是師道的精神卻變淡了，值得我們加以省思。

每日打開報章雜誌或看電視廣播，常會出現教育人員被控不當管教、貪瀆違法、校安欠佳、校園霸淩等大幅報導，這些校園暗黑事件，在在都顯示校長或教師們未善盡專業職責，理應懲處。

我長期在教育界服務，經常聽到少部分老師爲了避免不當管教而受到懲處，乾脆採取「多管多錯，少管少錯，不管不錯」的明哲保身之道，然最終教育權益受損的還是學生。行政人員也抱怨由於家長要求過多，動輒得咎，一不小心就「1999吃到飽」，報告寫不完。校長們也常說：「計畫趕不上變化，變化趕不上長官的一句話。」在日益民粹、不求專業的年代，由於行政壓力過大，以致中小學教育現場，普遍缺乏擔任行政的意願，許多校長更因爲有責無權，而大嘆不如歸去。

## 好老師給人希望、給人理想

所幸現今教育界還是有許多光明的報導。許多人都曾因看過《心中的小星星》這部電影而內心激盪不已，片中敘述一位患有讀寫障礙的八歲男童伊翔，他的世界充滿了鮮豔色彩和奇妙幻想。豐沛不絕的想像力雖然引領他振翅高飛，卻也使他飽受人間的異樣眼光。原來在一般人的心目中，秩序、作業、成績、升學才是校園中唯一值得關心的議題。伊翔因此成了問題學生，每每動輒得咎，不但遭逢家人的失望與不解、老師的奚落與體罰，更受到同儕的冷落與排擠。後來在一位極有愛心的美術老師——尼康老師的細心觀察和耐心引導下，在懸崖邊及時拯救了這位心靈屢遭創傷的小孩。尼康老師發現伊翔除了讀寫障礙缺陷而必須加以矯正之外，他有無限的想像力和豐富的創作技巧，甚至可稱得上是一位天才畫家，因而安排了全校性的師生寫生比賽，讓伊翔的表現大放異彩，故事才終以扭轉乾坤的喜劇收場。

現今由於網路十分發達，我也在網路中看到新加坡教育部根據眞實故事所拍攝的一個約三分鐘的《好老師》短片，片中描述一位事業成功的年輕人回到母校探望老師，回憶起幼時因爲家境清寒，爲謀生計必須在餐廳打工，因而上課無精打采，考試成績只得了28分，備受師長責備。但是片中這位女老師並沒有多責怪他，只是在他上課睡覺時，輕輕點醒他，在課後進行補救教學，並且邀請他參加家庭聚餐，感受家庭的溫暖，學生在感恩之餘，反問如何回報，老師回以：「當你成功時，記得請我吃一頓飯就可以了。」之後，這位學生因販賣盜版光碟而入獄，但這位老師並沒有放棄他，更鍥而不捨地與他保持聯繫，勉勵他在逆境中奮發向上，要有遠大的理想，要對未來存有憧憬和希望，學生最後力爭上游、不負所望，故事最終以學生回母校，邀請年華雖已老去，但精神依然如昔的老師吃飯作爲結局。

從上述兩個故事，可以知道好老師確實可以讓人記一輩子的。有道是：「十年樹木、百年樹人」。老師的辛勤耕耘和播種，也許短時間無法立竿見影，但不信春風喚不回，終究桃李滿天下。面臨社會階級世襲危機的現在，教師的一言一行，對學生確實有無遠弗屆的影響，尤其是對於經濟、文化、社會、心理弱勢的學生更具有高附加價值的影響力。愈弱勢的孩子應給予更多的關愛，這才是「教育愛」的眞諦。

## 治好我頑癬的張宏旭老師

我本身在受教育的過程中，雖然也曾遇到一些不盡專業的老師的偏差教導而遭受苦難，但是卻也遇到更多的好老師，且終身記得他們對我的好，並以此恩澤回施給我的學生。好老師有意無意間建構以善引善的「良善循環」，應是人世間最美麗、最偉大的力量。

我是第一屆九年國民義務教育的國中學生。記得小時候家境不好，就像《好老師》影片中那個清寒學生一樣，雖然還不至於家徒四壁、環堵蕭然，但亦不遠矣。父親經商失敗，以小販爲生，在母親克勤克儉協助生計下，才漸入佳境。記得小時候父母就開始在萬華老社區卜居，每次租屋住到快要習慣的時候，就被房東以改建或自住等理由，收回住房。十年之間，搬遷了四、五次之多。到了我快讀國中時，才買了一個約十坪大的木造磚牆房子，從此才免於顛沛流離之苦。

那時臺灣正逢二次世界大戰後嬰兒潮，父母育有二子三女，我排行老四。爲貼補家計，兄姊在小學畢業後就直接到家庭式小工廠謀生，開始過著學徒或女工的生活。我小時候家境不好，上課常聽不懂，下課也沒錢補習，即使被要求參加補習，也常因繳不起老師的課後補習費而時斷時續。放學後因沒有書桌寫作業，也沒有人督促，因此常因缺交作業而被師長體罰，爲了「趨吉避凶」，我只好常逃學在校外流浪（就像《心中的小星星》故事中的伊翔一樣）。總而言之，我從小就是常逃學、不會讀書的野孩子，之所以未如兒時玩伴那樣成爲社會上雞鳴狗盜之徒，全賴家母的嚴厲管教，在我快要掉入社會黑暗深淵時拉了我一把。

我也常在想，如果沒有九年國教，我今天肯定是一位學徒出身的底層勞工，甚至淪落爲社會上的小混混。受國家九年國教之賜，我才能免試升學就讀臺北市雙園國中，有了翻身的機會。然而少了國小的好底子，國一、國二成績依然不好，記得印象中英語及數理等科的段考從沒有及格過，只有

國文科及格，那是因為我很幸運的遇到了一位好老師—國文老師兼導師的張宏旭老師。這個因緣和後來我選擇當國文老師有很大的關係。

記得國一快入學時，因為環境衛生不好，頭上長了俗稱「臭頭」或「癩痢頭」的頑癬。雖然經過整個暑假家人時斷時續的治療，但病情仍沒有起色。國一新生入學後，張老師發現了我的宿疾，每天早上的第一件事便是幫我擦藥。經過近一個月的耐心治療，終於治好了奇癢無比的頭癬。

又我因身形瘦小、個性溫和、成績不好，長期被某一、兩位同學欺負，有一天我奮起反抗那位總是欺負我的陳同學，當時37公斤的我不知哪來的力氣，差點打贏了總是欺負我的人。打架之後，當下就被張老師叫到辦公室處理了，當時心想應該會被記過處分，但沒料到老師查明原因之後，不但沒有處罰我，反而轉而告誡那位陳同學不可霸凌別人，並要求陳同學向我道歉。自從這次打架事件後，我再也沒受過同學欺負了。

記得國一打操行成績時，張宏旭老師給我的評語是「外圓內方」，也就是外表柔和，內心卻十分剛正有志氣，這或許是我受到父親憨厚樸實、母親堅毅幹練的遺傳因子，又或許是當時老師不斷給我勉勵影響我的人格發展。迄今我仍相信做人要良善、以和為貴，而且一定要有腳踏實地、堅毅不拔的精神，人生才會成功。

## 引發我考三次大學聯考的張克維老師

我是個大器晚成的孩子。國三時才開始開竅，先是想要從軍報國，投考中正預校，但母親不允，後發憤苦讀，雖飽受蚊蟲叮咬之苦，但是爲了節省交通往返時間（我家至雙園國中約需30、40分鐘的步行），經常夜宿雙園國中教室苦讀。一年努力下來，成績雖仍不足以考上公立高中，但也大有進展，先後考取了建中補校、世界新專大衆傳播科以及私立大同工商綜合商業科。最後依母囑，就讀私立大同工商（即現在臺北市私立大同高級中學），以求將來就業較有保障。

高職三年，很幸運遇到我人生的第二位貴人，那就是教我各種商業經營科目，例如簿記、珠算、英文打字、貨幣銀行學、商業實習等，並兼任三年導師的張克維老師。在張老師教導下，就學相當愉快，語文、通識及諸多商業科目，對勤勉向學的我，已不是難事，也覺得實用而有趣，因此，每學期我都拿第一名，連續六學期拿了六次大同公司設置的獎學金，畢業並獲董事長獎之最高榮譽。

大同工商對於學業要求嚴格，對於品行要求更出奇的嚴，素有「大同軍校」之稱，惟體育活動蓬勃發展，也注重軍歌比賽等群性的訓練，可以說是德智體群美均衡發展的好學校。在品德要求方面，當時邊走邊吃要記一小過，段考則採榮譽考試制度，考試作弊則兩大過、兩小過並留校察看。在我班上，50人入學，因成績或操行不及格而被退學的並不少見，故畢業時約只剩下不到40人。

有一次我在同儕壓力下，在貨幣銀行學科目段考時，被迫要將答案給坐在隔壁的同學看，不巧被張老師抓到了，沒想到張老師並沒有把我們送到訓導處，只是把我的考卷扶正，然後敲了隔壁同學的桌子一下，並面帶警示的臉色，就這樣無形中化解了一個即將要違規犯過的行爲，而我也僥倖在求學紀錄上沒有留下任何遺憾及污點。

畢業後以商科第一名分發在大同造漆公司工作，從基層的雜工做起、到送貨員，兩年內升到經理的祕書。那時大同工商的基本政策是以培養大同公司的基層技職人才爲務，並不希望甚至禁止老師鼓勵學生考大學聯考。我在大同公司任職期間，某天和導師張克維先生在中山北路三段不期而遇，張老師在和我邊走邊聊天的過程中，一方面瞭解我的工作狀況，一方面認爲我是一個力求上進的孩子，便鼓勵我自行準備考大學。我一臉疑惑地問老師：「甚麼是大學聯考？」，老師便細心地向我解說考試科目以及準備的方向。講完之後，老師便輕輕拍了我肩膀三下，並說：「何不試試看？」沒想到這麼一拍，便害我連續考了三次大學聯考。

在老師鼓勵下，從此我便以日間工作、夜間自修的方式，發憤苦讀。第一年考法商類組的丁組，由於考試科目多是我以前沒有讀過的，即使有讀過但內容也是經過淺化的，考科六科總分600分，第一次我只考了180多分。第二年再考一次，進步了160分，達到340多分，當時全神貫注看著午間新聞所播報的各系所錄取標準，看到自己只差兩分便可以考取逢甲大學合作經濟學系時，不禁悲從中來，潸然淚下。

歷經了兩次大學聯考落榜的挫折，在稟明母親並獲母親的諒解和首肯下，我離開大同公司，準備第三次的大學聯考。這時幾乎未曾中斷地每天一早準時到那時尚在南海學園的國家圖書館苦讀，每一科幾乎反覆背誦了十次以上，背到幾乎每本教科書都要讀爛了、讀破了。數學科目雖然我下的功夫不少，但因乏人指導，進步成績極爲有限，始終以個位數收場。但在國文、英文、歷史、地理、三民主義等科目，則有明顯的進步，到了第三年又突飛猛進了一百多分。此時，憶起兩位恩師的教誨，更確立了人生的目標——當老師，故毅然決然由法商科系的丁組改換跑道到文教科系的乙組，並在民國65年，以高分錄取國立臺灣師範大學社會教育學系，主修社會工作。初以英語爲輔系，之後一方面受「中國文學浩如翰海之美」所吸引，另方面還是受到國中時期國文老師的影響，便選擇以中文爲輔系，於是師大畢業後做了六年的國文老師兼導師。「讀師範，當老師」可以說是我幸福人生的轉捩點。

## 讓教育愛發揚光大

以上所述，各位讀者不難理解兩位老師對我的影響有多深有多遠，也許他們會認為當時只是盡他們應盡的本分，也許沒有想到我會有今天的造詣。我想起大一參加校內合唱比賽時的一段歌曲：「要怎麼收穫先怎麼栽，撒下了種子，花會開，花會開！」老師們有心或無意的播種，在適當的陽光和水分下，一定會長成綠蔭大樹，給後人乘涼、造福人間。

我深盼這些看似平凡卻又不凡的人間眞實故事，能多獲大衆傳播媒體垂青而廣為宣揚。當然，教育部、文化部或國家教育研究院若能大力出資拍出像《心中的小星星》、《好老師》那樣的電影或小短片，並在網路上廣為流傳，應可帶動尊師重道的風潮，並讓教育的大愛廣揚人間。

作為學生和學生家長，我們不應只是在教師節時，表達我們對教師的敬意與謝忱，應該在要求教育品質與維護受教權的同時，隨時隨地尊敬老師、肯定老師、鼓勵老師、支持老師，不干涉老師的教學專業自主。讓老師在優良的教學環境下，發揮敬業精神與教學專業，春風化雨，讓杏壇之光普照人間。

作為老師，我們何其有幸能在教育界，擁有這麼一畝福田，讓我們衣食無虞好耕耘。深信「教育是人感動人的志業」，而我們所教誨成功的學生，將來會影響更多的人走向正途，並匯集成為人世間光明正大、濟世救民的正向力量。即使我們年華老去，他們也會一輩子記得我們，因為我們都是好老師。

陪學生走一段路，好老師記一輩子。

本文轉載自：張德銳，「好老師讓人記一輩子」，師友月刊，581期（2015-11-01）：96-101。對於師友月刊主編同意轉載本文，敬表謝忱。

# 2

# 教師專業倫理——有所爲有所不爲

教師專業倫理係指教師在職涯中依循合理的道德價值與行爲規範，並維持和發展專業關係。爲人師表者，若能深切認知教師的「有所爲」與「有所不爲」並實踐力行，就是教師專業倫理的信守者，也是令人尊敬的「人師」和「教育家」。

臺灣最近發生了兩則和教師專業倫理有關的新聞。其中一則是：某一縣內某些老師請育嬰假期間，故意在寒暑假復職領薪水，開學時再繼續請假，寒暑假不僅不用上課，還可以領全薪。這樣的作法固然合法，但是會影響學生的受教權，而且短期的代課教師難尋，增添了校長及行政工作上的負擔。另外，老師們這樣鑽法律漏洞的行爲，不但會造成社會觀感不佳，而且也給學生做了一個不良的示範。

另外一則新聞是，某國小的老師們，根據該縣教師職業工會與該縣政府教育處代表42所公立學校訂定的團體協約，要求不吹哨、不舉旗、不擋車的「交通導護三不」，引發家長與導護志工抗議，質疑值勤老師淪爲「人形立牌」，如何保障學童安全？

以上兩個教師專業倫理的負面例子應該是臺灣教育界的少數。我相信絕大多數老師都是具有「愛與榜樣」的好老師，他們會爲了學生的學習權益遵守教師專業倫理而積極作爲，也會爲了避免違反教師職業道德而有所不爲。顯見，絕大多數教師均將教師專業倫理奉爲圭臬。

## 什麼是教師專業倫理

大前研一在《專業——你的唯一生存之道》一書中指出，在這個產業競爭十分激烈的時代，想要生存下去，唯一的方法就是提升自己，成爲一位專業人士。同樣的，我也主張臺灣中小學教師要在目前多元變遷的教育環境下，立足專業的腳跟，並與時俱進，追求專業的發展與卓越。

什麼是專業？大前研一認爲「如果能擁有比以往更高超的專業知識、技能和道德觀念；秉持顧客第一的信念；好奇心和向上心永不匱乏，加上嚴格的紀律，這樣的人就可說是專業。」據此，專業的內涵包括專業知識、專業技能和專業道德。其中，專業道德便是專業倫理的範疇，而教師在職涯中依循合理的道德價值與行爲規範，並維持和發展專業關係，就是教師專業倫理的信守者。

教師專業倫理在教師專業內涵中有其關鍵地位，它是教書匠與教育家、經師與人師的分水嶺。也就是說，一位教師即使具有高超的專業知識與專業技能，但是缺乏專業道德，最多也只能說是一位「教書匠」，而不能稱之爲「教育家」。要成爲教育家，便要具有前國立臺灣師範大學校長劉眞先生所說的四個特質：具慈母般的愛心、園丁般的耐心、教士般的熱忱、聖哲般的懷抱，而這四個特質便是教師專業倫理所一再強調的重心。國人常說：「經師易得，人師難求」，便是指教師具有專業知識與專業技能並不難，但能兼備職業道德就更難能可貴了。

##  「有所爲」的教師專業倫理

遵守專業倫理信條，係任何專業工作者必備的條件之一，像醫師、律師、建築師、護理師、諮商心理師、社工師等專業自治團體，都設有嚴謹的專業倫理信條。我國全國教師會於民國89年2月1日第一屆第二次會員代表大會通過「全國教師自律公約」，係爲全國教師專業倫理之規準，內含「教師專業守則」和「教師自律守則」兩個部份，其中「教師專業守則」鼓勵教師積極作爲，建立教師專業形象，而「教師自律守則」則勸勉教師有所不爲，以維護教師專業形象。

仔細分析全國教師會所訂立的「教師專業守則」，係以「對學生學習權益負責」爲主要內涵，並論及對學校、對社會的責任，是值得國人肯定的。其條文如下：

1. 教師應以公義、良善爲基本信念，傳授學生知識，培養其健全人格、民主素養及獨立思考能力。
2. 教師應維護學生學習權益，以公正、平等的態度對待學生，盡自己的專業知能教導每一個學生。
3. 教師對其授課課程內容及教材應充分準備妥當，並依教育原理及專業原則指導學生。
4. 教師應主動關心學生，並與學生及家長溝通連繫。
5. 教師應時常研討新的教學方法及知能，充實教學內

涵。

6. 教師應以身作則，遵守法令與學校章則，維護社會公平正義，倡導良善社會風氣，關心校務發展及社會公共事務。
7. 教師應爲學習者，時時探索新知，圓滿自己的人格，並以愛關懷他人及社會。

其實在我國中小學具有上述表現的老師所在多有。例如今年獲頒新竹縣特殊優良教師獎的寶山國中歷史老師吳鑾媛，幾乎科科上課都在教室，陪著學生學習，課後也會利用時間，指導他們學習較弱的數學、英語等科目。學生認爲她就像媽媽一樣，無時無刻在旁協助學生學習，關心學生發展，其獲獎乃實至名歸。

又如新北市樟樹國中廖淑惠老師，擔任身心障礙學生普通班導師，她透過「分組合作學習和一對一教學」等方法，讓學生自學、互學和適性發展。另外聯絡簿也是廖老師與學生、家長間溝通的橋梁，當學生寫下「最了解我的是廖老師」這麼短短的一句話，便讓她覺得教學再怎麼辛苦也值得。由於她用心的教學與輔導，今年獲頒新北市教育局友善校園傑出教師獎的肯定。

再如嘉義縣仁和國小姜青慧老師，是今年教育部師鐸獎最年輕的得獎者，30歲的她原是公費生，四年服務期滿後，她不當「候鳥老師」，選擇留在偏鄉的阿里山地區學校繼續服務，無怨無悔地陪伴每個她所教過的學生。八年下來，她班上學生的學力測驗語文能力超過全縣平均分數，今年還教出全校第一位總統教育獎的得主。

## 「有所不爲」的教師專業倫理

爲維護教師專業形象，全國教師會的教師專業倫理信條，要求教師宜對下述六類行爲實施自律：

1. 不得向其學校學生補習。
2. 不應在言語及行爲上對學生有暴力之情形發生。
3. 不得利用職權教導或要求學生支持特定政黨或信奉特定宗教。
4. 不應與其學校學生發展違反倫理之情感愛戀關係。
5. 不得利用職務媒介、推銷、收取不當利益。
6. 不應收受學生或家長異常的餽贈。

在我個人求學的民國50年代，體罰及教師補習是相當盛行的，我也深受其害，但是隨著臺灣學生人權的興起以及教師待遇的大幅改善，體罰及惡補情形雖未絕跡，但已大幅改善，這是值得肯定的地方。即使在那樣的年代，還是有許多富有愛心且深明義利之辨，而有所不爲的老師，例如我讀小一和小二的謝月圭老師就從不對學生體罰，也從不對學生補習，並且常爲不寫功課或學習落後的學生進行課後輔導，這是我很感念的。

校園師生戀的行爲在報章雜誌中時有所聞，當事人常以「行爲不檢，有損師道」而受到不適任教師的處理。另臺灣選舉頻繁、政治對立嚴重、國家認同危機難解，教師如何保持行政中立，是常讓教師，特別是社會學習領域教師備感困擾的問題。

另外，在當代物慾橫流、日益功利化的社會，教師如何堅定「役物而不役於物」的儒家思想，追求「精神富貴」而不是「物質富貴」，是教師們所必須深刻體認的核心價值。最後，在當今權利意識高漲的臺灣社會，教師們如何在爭取權利的同時，顧及應盡的義務，方能獲得社會大衆的敬重。

## 樹立教師的新形象

我不是傳統衛道人士，之所以倡導教師專業倫理，係純從教師專業的角度著眼的。我深深覺得「專業是教師的唯一生存之道」，而教師專業倫理是教師專業中非常重要的一環，而當前的種種教育作爲中，我們常常只重視教師的知識理性和技術理性，而忽略了道德情操部分，而道德情意的發揚和重建，恰恰是當今道德衰微、倫理不振的臺灣社會所迫切需要的。

我堅信建構與形塑教師專業倫理有助於建立教師的新形象，提高教師社會地位、提升學校教育效能、達成學校教育目標，進而有利於教育的長遠發展。是故我建議每一位教師皆應認識、釐清、經常反思自己的專業倫理行爲，凡是對學生、學校及社會有利的，要積極正向的參與而有所作爲，凡是對學生、對專業、對教育發展不利的，要有所警惕而有所不爲。

我也支持我國的教師專業團體，除了爲教師爭取權益之外，也能在教師專業化方面有積極的投入和貢獻。「徒有公約不能自行」，是故做爲專業的另一個條件，便是專業自治團體除建立專業倫理信條外，應加強宣導並有效執行倫理信條，例如以醫師爲例，全國醫師公會訂定的「醫師倫理規範」，所有會員必須遵守，違反規定情節嚴重者，可以由醫師公會送請醫師懲戒委員會移付懲戒。當然目前教師專業團體並無強制入會之法令規定，此是其執行倫理信條的困境。另外，教師會所訂立的教師倫理信條是在民國89年所制訂的，臺灣社會業已歷經15年的變遷，是否要與時俱進，經由民主的程序加以檢討和調整，也是教師專業團體所必須思考的。

最後，教師專業倫理的建立應由師資職前培育就要開始重視，是故做爲師資培育者的我們也應深切反思，是否我們所教出來的師資生眞能在教學現場「會教、能教、願意教」，特別是師資生的道德操守以及專業精神，才是師資培育的主要任務，是故如何甄選具有動機與道德人格的師資生，然後在師資培育過程中善用各種正式課程、潛在課程和活動課程，培養師資生的專業倫理，讓「學爲良師，行爲世範」不只是口號和理想，而是師資培育的事實和成就。

爲人師表者，能深切認知教師的「有所爲」與「有所不爲」並實踐力行，就是教師專業倫理的信守者，也是令人尊敬的人師和教育家。

本文轉載自：張德銳，「教師專業倫理，有所爲有所不爲」，師友月刊，583期（2016-01-01）：1-5。對於師友月刊主編同意轉載本文，敬表謝忱。

# 3

# 中小學教師專業標準——專業領航

我國中小學教師工作迄今仍處於半專業的地位，其中原因之一係缺乏專業標準的領航。透過教師專業標準可以作爲規劃師資職前課程以及安排實習教師和初任教師導入輔導的參考，亦可以促進教師專業發展。在國內教育受政治影響仍深以及民粹日益嚴重的今天，教師專業標準的制訂有其時代的意義和迫切性。

隨著臺灣政治的民粹化，爾來臺灣的教育界也有一股民粹的風潮，我深以爲不然。例如，據聯合報104年5月28日報載，臺北市柯文哲市長爲了要讓中小學校長的遴選更符合教師和家長的民意，決定從105學年度起改採i-Voting的方式，校長遴選新增用○、Δ、×來計分的「校內初選」作業，其計分爲加1分、0分、扣1分，初選未達正分者，不進入校長遴選會議的面談，以避免校長遴選的爭議。

另外的一個例子是，據聯合報104年9月5日報載，某國小的老師，根據教師職業工會與該縣政府教育處代表42所公立學校的團體協約，要求不吹哨、不舉旗、不擋車的「交通導護三不」，引發家長與導護志工抗議，質疑值勤老師淪爲「人形立牌」，如何保障學童安全？

以上兩個例子凸顯了臺灣的教育界受政治人物左右，民意至上，個人權利意識抬頭，卻將專業能力以及專業倫理擺一邊的窘境，實在值得吾人深思改善。

多一點專業，少一點政治，少一些民粹，相信還是絕大多數校長和老師們的共同心願。做為一位專業者，老師必須以學生的福祉為最重要的考量，而校長為了提升教師教學的能量，以及帶給每一個孩子最好的教育，有時也必須做出不盡符合老師或家長們的希望，但確實是較符合專業的決策和判斷。

## 教師專業化的呼聲

教育人員專業化事關「校長專業化」和「教師專業化」兩個主軸。本文限於篇幅，先把討論重點放在教師專業化上。教師專業化的呼聲早見於聯合國教育、科學、文化組織（UNESCO）在1969年時所發表之《關於教師地位之建議書》中：「教學應被視為一種專門職業；它是一種公眾服務的型態，它必須要教師的專業知識以及特殊技能，這些都要經過持續的努力與研究，才能獲得和維持的。」

教師的工作應是一項專業化的工作。這一點，國內也有不少的學者在呼籲著。例如吳明清教授在2006年的一次主題是「讓專業成為教育改革的推動力」的專題演講中，強調：「在教育改革的行動中，學校是『現場』，教師是『關鍵』，故唯有學校教師具備足夠的專業能力與熱忱，才能有效執行並創新教育改革的措施。」

很可惜的，我國中小學教師工作迄今仍處於半專業的地位，其中的原因固然很多，而其中之一係缺乏專業標準的領航。依《中華民國師資培育白皮書》中的定義，「教師專業標準」係指「用來評比教師專業素質的一種標準，透過標準的呈現可以檢核教師專業表現的情形，幫助教師反省自我教學，並促進教師專業發展。」由於缺乏專業標準，國內的師資職前培育以及導入輔導缺乏操作的依據，容易流入科層控制或者市場控制的弊病。在教師專業發展上，中小學教師也缺乏一個理想的指引，走向更專業的坦途。更令人擔憂的是，由於缺乏專業的共識，教師在教學、研究和服務上，往往一人一把號，各吹各的調，難以產生集體的力量。在缺乏專業的制約情況下，老師們也往往以眼前利益爲重，而無形中損及學生的權益而不自知。另外，在面對政治人物以及民意強勢的壓力下，更難有制衡的力量。

## 國內在教師專業標準的努力

有鑑於教師專業標準的重要性，歐美先進國家早在上世紀末，便紛紛提出相當具有公信力的「教師專業標準」或者「教學專業標準」（國外的標準較強調教學部份，因爲他們認爲教學是教師的主要工作，惟此處的教學係廣義的定義，不限於課室教學）。例如美國「全美教學專業標準委員會」（National Board for Porfessional Teaching Standards，簡稱NBPTS）早在1989年便提出教師教學工作的五大核心主張：（1）教師獻身於學生及其學習活動；（2）教師瞭解所教授學科，並且有效地將學科知識傳授給學生；（3）教師對管理和督導學生的學習負有責任；（4）教師有系統地思考教學實務並且從經驗中學習；（5）教師是學習社群的成員。在各核心主張之下另有數個支持性的敘述，例如在第五個核心主張下，有下列三個支持性的敘述：（1）教師經由和其他專業人員的合作來對學校效能產生貢獻；（2）教師和家長協力工作；（3）教師善用社區資源於學生的學習活動。這個標準的產生不但對於美國的教學實務界有強烈的影響力，而且也廣被各國研究師資培育或課程與教學的學者所引用。

國內教育學界近年來有關教師專業標準的研究並不少見。惟第一個有系統、大規模的研究應是中華民國師範教育學會在2006年接受教育部中教司之委託，完成了「各師資類科教師專業標準之研究」，建構出各類師資的通用專業標準（幼稚園、小學、國中、高中、高職等五類各有五大向度，特殊教育類有七大向度）。這五大向度係教師專業基本素養、課程設計與教學、班級經營與輔導、研究發展與進修、敬業精神與態度。國內曾憲政、張新仁、許玉齡以及我本人便係受教育部委託，在2007年以中華民國師範教育學會所發展的教師專業標準的四個向度，並參考國內諸多有關教師評鑑規準的版本，發展了「高級中等以下學校教師專業發展評鑑規準」（參考版）。

其次，潘慧玲、張新仁、及我本人在2008年曾研發並提出三個層面、九個教學專業標準。這三個層面係課程設計與教學、班級經營與輔導、專業發展與責任。這九個專業標準係：（1）教師掌握學科知識、學科教學知識，以及學生發展與學習知識；（2）教師有效規劃課程和設計教學活動；（3）教師運用適當的教學策略與資源，提升學生的學習成效；（4）教師適當評量學生學習情形，並分析結果，據以調整教學；（5）教師營造有助於學習的環境；（6）教師妥善運用資源對學生進行輔導；（7）教師致力於反思與專業成長；（8）教師與學校同事、家長建立積極的互動關係；（9）教師善盡教育專業責任。由於這個版本係純學術性的研究，也許會有較多學術上的影響力，但是在教學實務界的影響力並不明顯。

## 中華民國教師專業標準指引的發布

教育部中教司在2011年開始委託國立臺灣師範大學教育學系甄曉蘭教授以及國立臺中教育大學楊思偉校長在2014年研提適合我國中小學的教師專業標準，之後研究專案所研提的十個標準業已於2016年2月15日經臺教師（三）字第1050018281號函發布爲「中華民國教師專業標準指引」，作爲各師資培育之大學、縣市政府、各級學校及教師規劃下列事項之參考：（1）師資培育大學規劃職前師資培育課程；（2）師資培育大學與中小學／幼兒園安排師資生實習輔導與評量；（3）教育主管機關辦理教師甄選及精進教師專業成長活動；（4）辦理教師專業發展單位規劃教師專業成長活動；（5）教師自主終身學習及落實教師專業成長。「中華民國教師專業標準指引」所揭櫫的十個教師專業標準如下：

標準1：具備教育專業知識並掌握重要教育議題。

標準2：具備學科／領域知識及相關教學知能。

標準3：具備課程與教學設計能力。

標準4：善用教學策略進行有效教學。

標準5：運用適切方法進行學習評量。

標準6：發揮班級經營效能營造支持性學習環境。

標準7：掌握學生差異進行相關輔導。

標準8：善盡教育專業責任。

標準9：致力教師專業成長。

標準10：發展協作與領導能力。

## 標準發布之後的後續工作

教育部能夠發布「中華民國教師專業標準指引」，基本上應該給予肯定的，並且會對我國教師專業化有正向的影響。但這應只是個開始，而不是結束。首先，教育部宜加強標準指引的宣導溝通工作，讓各師資培育機構、縣市政府教育局、教師團體、校長團體、家長團體、教育學者、各級學校以及教師都能普遍理解、認同教師專業標準的效益、內涵以及後續各單位、各人員可以配合努力的作爲。特別是師資培育機構、教師團體以及廣大現場教師的支持，這是教師專業標準指引是否可以發揮預定效益的關鍵。另宜傾聽其聲音，以作爲後續修訂標準的依據。

其次，教育部此次所發布的教師專業標準指引係通科性的標準，有了通用各學科、各學習階段的核心標準，必須依據此一核心標準，在尊重各學科、各學習階段的差異性現象下，發展個殊「學科」、「學習階段」的教師專業標準。這一方面，仍有待各學習領域學者專家和現場實務人員的共同努力。

此外，教師專業標準的研發與修訂必須歷經教學現場的實證與考驗，特別是用在教師評鑑之上。關於這一點，「全美教學專業標準委員會」的成就有目共睹，它除了建立一套高而嚴格的標準之外，亦發展出全國性、自願性的教師評鑑制度，來肯定傑出資深教師，並激勵全國教師達成其所設定的標準。在這一點上，教育部師資培育及藝術教育司是有在努力，本人亦曾參與教育部教師專業發展評鑑規準錨定小組，該小組係依據「中華民國教師專業標準指引」發展出一個全新版本的「高級中等以下學校教師專業發展評鑑規準」（105年版），作為未來我國中小學實施教師評鑑的依據。

我雖然認同教師專業標準的必要性，但我不認為教師專業標準是師資培育的萬靈丹、百靈藥。另外也必須特別強調教師專業標準的引導性、包容性以及與時俱進性。也就是說，教師專業標準宜是一個引導師資職前培育、導入輔導以及教師在職發展的一個架構或方向，但不宜定於一尊，或者過度強調政府控制的機能性，使它反而成為限制師資培育機構和在職教師發展的框架。因此，它要有足夠的彈性和包容力，允許師資培育機構、教育行政機關、各專業團體以及廣大教師在核心標準參考下，仍有足夠自主發展的能量和空間，這樣才能發揮教師專業標準的最大功能。最後，教師專業標準本身要能與時俱進，隨著國內外的教職發展趨勢，做適當的改變和修正，不宜一成不變，故步自封，反成爲教育創新與改革的障礙。

## 專業領航，讓政治與民粹不再

誠如教育部在2012年所公布的《中華民國師資培育白皮書—發揚師道，百年樹人》中所揭示的：「美國、英國、澳洲等先進國家近十多年來皆已完成全國性的教師專業標準，而本部亦在民國96年公布『各師資類科教師專業標準』，但因各種條件尚未成熟，無法完全落實於教師專業化歷程。爲培育符合理想教師圖像的教師，以及符應我國社會變遷與國際趨勢的需求，教師專業標準的建立與落實有其必要性。」

在國內教育受政治人物影響仍深以及民粹日益嚴重的今天，教師專業標準的制訂有其時代的意義和迫切性。我們很希望民選的政治人物能尊重教育專業，我們盼望教師們能以專業標準做爲行事的圭臬，我們更期待家長們能支持教師的專業表現，而不要對教學專業自主有所介入或干涉。我國業已發布了「中華民國教師專業標準指引」，但後續要做的工作又是那麼的繁重，期待它有更多正向引領的能量。

盼教育界在有心人士的共同努力下，**讓教師專業標準成為指引教師專業發展的領航員！**

本文轉載並修改自：張德銳，「專業領航——談中小學教師專業標準」，臺灣教育，696期（2015-12-01）：26-29。對於臺灣教育雙月刊主編同意轉載本文，敬表謝忱。

# 4

# 十二年國教後的中學教學發展趨勢——與時俱進，因材施教

與時俱進，誠爲教師適應變遷的法則；因材施教，乃是人類教育的理想。我國十二年國教的發展，已爲不可逆的教育改革浪潮，爲適應變遷，中學教師宜重視教學的活潑性和有效性，並以差異化的課程、教學和評量，來適應學生的學習需求，提升學生的學習成效。

我國於民國103學年開始在高中職學生全面實施「普及、自願非強迫入學、免學費爲主、公私立學校並行、免試爲主、學校類型多元、普通及職業教育兼顧」之國民基本教育，亦即十二年國民基本教育。係我國於民國57年實施具劃時代意義的九年國民義務教育之後，最重要的教育改革工程，不僅事關所有中學生之教育權益與幸福，也深深影響我國國民在未來之文化、社會、經濟、政治等競爭力，其各項舉措動見瞻觀，業已引起全民之普遍重視。

影響十二年國教成敗之因素甚多，例如教育政策、教育經費、教育設備、學校行政、校長領導、社會文化背景等，但最重要的執行者還是基層教師，也就是基層教師的課程與教學才是十二年國教成敗的關鍵。換言之，十二年國教實施之後，在中學教學現場的教師如果無法與時俱進，因材施教，配合教育的發展趨勢，給予日趨多樣的學生適性化的課程、有效的教學，達成新時代的學習需求與教育目標，則十二年國教的前景堪虞。

## 十二年國教的目標

依教育部於2011年所發布的《中華民國教育報告書》，實施十二年國民基本教育係要達成以下目標：舒緩升學壓力，引導學生適性發展；縮小教育落差，均衡城鄉發展；促進教育機會均等，實現社會公平正義；提升國民素質，增進國家競爭力。其中尤以第一個目標，亦即如何有效地解決我國升學主義之積弊，引領莘莘學子走向適性揚才、多元發展之理想，夙爲國內教育界人士所共同關心的課題。換言之，擺脫升學的桎梏，激發學生的學習潛能，培養學生多元智慧，營造行行出狀元的社會，是十二年國教的最重要目標。

然學校主要的教育內涵還是課程與教學。因此，如果要使學生適性發展，則有賴適性課程與有效教學的規劃與實施。十二年國民教育實施後，在國中端，因爲升學壓力驟然解放，教師教學正常化、活潑化，不但有其可能性，更有其迫切性，而以往習於講述、背誦、考試的教學型態，勢必需要改變；就高中職端而言，因爲免試入學緣故，學生素質異質化之情形勢必加劇，教師亦有必要加強實施適性化的課程與教學，以因應學生學習能力與需求之差異化，是故既往以同一種教學方式對待不同學習需求學生的教學樣態，也必須跟著加以調整，如此才能與時俱進。

## 中學教學現場的改變——活潑有效的教學

在實施十二年國教後，我們樂見中學教學現場活潑化、有效化、適性化與差異化的課程與教學。活潑有效的教學，能讓中學教師在既往講述式教學之餘，與時俱進，以更多元的方式，激發學生的學習興趣與動機。採用適性化的教學則可因應學生學習的多元需求，達到因材施教的理想，進而培養學生多元的能力與智慧。

就活潑有效教學而言，宜從班級經營做起。在營造班級氣氛部分，中學教師應堅信：不論學生程度高低，一律抱以正向的成就期待，並向學生明白溝通期望的行爲和態度。在開學之初，便歡迎學生加入學習的行列，表現自信和熱忱，並將教學熱忱散發給學生。教學中隨時接納肯定學生的各項表現，這樣不但能提供程度較佳學生自主學習的機會，而且也給予經濟與文化弱勢的孩子較多的個別接觸和關愛。愛與信任，是讓學生感受教師熱情的不二法門。

在建立班級常規部分，一位成功的中學老師會訂定明確的班規，包括課業和行爲的規範，以及各項學習活動的程序和規則。教室環境布置能考量教學需求和學生學習，並時時配合教學主題作必要的更換。教學活動間的轉換能脈絡分明，不會浪費寶貴的教學時間。教學活動過程中，經常眼光關注全班並走動巡視行間，留意學生的反應和行爲。對學生良好表現，提供正向的增強。使用低度干擾的處理策略，例如：接近控制、上課中引用學生名字等，適時有效制止學生不當行爲。另隨著家長對於學生學習的日益重視，聰明的老師會在第一時間進行親師溝通與合作，並且善用家長及社區的資源於學生學習上。

有了好的班級經營做基礎，一位有效能的老師會在每一堂課告知學生學習的必要性及學習目標和重點，然後運用生活化的學習素材或新鮮有趣的事物引起學生學習動機。之後，會按部就班地清楚呈現教材，讓學生充分瞭解概念與技能。在清晰講述的過程中，老師會善於使用發問技巧，增進師生互動，以及啓發學生高層次的思考。爲了要深化學習概念以及維持學生學習動機，教師除了運用講述法、提問法之外，亦會配合教材的性質以及學生的學習需要，使用個別實作、全班溝通討論以及小組合作學習等多元的方式，以增進學習效果。

在學習評量部份，老師除了善用傳統的紙筆測驗之外，還會運用提問、觀察、學習單、實作表現、學習檔案、同儕互評等多元評量方式。而多元評量是配合學生多元智能的發展，使每一個孩子發展主要智能，擴展次要智能，讓每個孩子都能學習成功，將「學習插在成功的插座上」，把每個孩子都帶上來，這是教育永恆的理想，也是老師教學最有成就感的地方。當然，因爲孩子的學習時光至爲寶貴，所以在可能的範圍內，要讓孩子增加學習的時間，並且專注於學習活動，而要讓學生專注於學習活動，除了有賴老師的清晰講解之外，更有賴老師適時變化教學步調與教學活動。

## 中學教學現場的發展——適性化的課程與教學

就適性化課程與教學而言，由於中學生的特質具多樣性，其性向、能力、興趣、經驗、學習風格、文化資本及家庭背景等皆不同，所以他們的學習需求自然會有所差異，中學教師爲了達成教學目標，讓每個學生都能學習成功，勢必在課程設計、教學實務、學習評量、教學環境上，盡力配合學生的差異性，這樣才能發揮有教無類的精神，進而達成因材施教的理想。

這種適性課程與教學的理念，與現行歐美教育界已蔚爲潮流的「差異化教學」（differentiated instruction，或譯爲區別化教學）實爲一脈相承。國內學者吳清山和林天祐在《教育研究月刊》第154期的〈區別化教學〉一文中指出，區別化教學係指教師教學時，能根據不同類型學生需求，調整課程內容和評量方式，並給予學生個別指導，充分關注、尊重和體現學生個別差異，以開啓學生的學習潛能。

我本人曾於2010年赴美教育參訪時，參觀美國波士頓地區的中小學，發現授課的教師們多採用差異化教學，我看到的教室風景是：任課教師剛上課時先對全班學生，就教材內容，做概要式的講解，隨即依學生學習程度的差異情形，分成三組進行教學，每組的課程內容以及評量內涵皆有所不同，以適應組間差異情形。課室中只見任課教師及教學助理不時穿梭其間進行指導，而學習程度較佳者可以進行自主學習或輔以電腦補助教學，學習程度較弱者老師則會特別加強講解及指導，或者由教學助理實施一對一或一對二的個別指導。

國內學者黃政傑和張嘉育在《課程與教學》第13卷第3期的〈讓學生成功學習：適性課程與教學之理念與策略〉的一文中，則進一步從學生、班級、學校等多重途徑，分析適性課程與教學的實施策略。他們所提出的班級教學策略主要有五個：第一、學校和教師要積極負起適性教學的責任，不會把學生的學習失敗歸因於教師難以改變的因素，例如學生本身和其家庭背景和文化，而是會對學生的學習成功抱持著正向積極的態度和期望。第二、老師會善用全班講述、小組合作學習及個別指導等多元教學型態，來提高學生的學習動機與興趣。第三、在課程與教學的整個完整歷程中，老師會同時兼顧學生學習的需求評估、設計課程、實施教學、進行形成性評鑑、實施補救教學及充實學習等歷程，而不會把教學當成只有實施課室教學活動而已。第四、有理念有理想的老師會善用調整課程難度、安排不同學習活動、調整學習任務的順序、調整學習步調和時間、配合學生興趣教學、鼓勵多元的表達方式、調整學習者的組成方式、調整教學風格、指導學生主動學習等有效的適性教學策略，彈性因應學生的學習需求。最後，成功的中學老師會善用合作的氛圍，一方面鼓勵學生合作學習，另一方面與同儕進行協同教學和夥伴協作，以團隊合作的力量，提供學生更多的學習資源與機會。

## 在教學變革中與時俱進

與時俱進，誠爲教師適應變遷的法則；因材施教，乃是人類教育的理想。我國十二年國教的發展，已爲不可逆的教育改革浪潮，有遠見的教師，會更加重視教學的活潑性和有效性，以適應時代變遷的趨勢。爲了達成人類教育的理想，有理想的教師，會以差異化的課程、教學和評量，來適應學生的學習需求，提升學生的學習成效。

惟有效教學、適性教學的落實在十二年國教後的每一個中學課堂，是一個龐大的教學改革工程。改革是否成功，和中學老師們的教學心態息息相關。只要有心，凡事皆能成功。老師們如果抱持著因循苟且，故步自封的心態，則此一教學改革工程，勢必難以成功；老師們如果能與時俱進，苟日新又日新日日新，掌握時代的脈動，帶給學生優勢的學習，則學生勢必成爲此次教學改革的最大贏家。

有效教學、適性化課程與教學的順利推動，除有賴中學教師的努力之外，更有賴學校及教育行政機關給予中學教師更多的教學支持與資源。首先，學校和教育行政機關除了要加強中學教師在有效教學以及適性化課程與教學的專業成長之外，最重要的還是鼓勵教師間合作的氛圍，以社群或團隊的力量，邁開腳步，勇敢地接受時代的挑戰。其次，建議國內加速推動小班教學制度，讓學生能充分感受到老師更個別化的照顧，另一方面老師也會因爲教好每一位學生而更有成就感。最後，建議實施教師助理制度。善用家長的義工人力以及延聘具合格教師資格的儲備教師擔任教師助理，來協助中學教師實施優質的教學。而教師助理制度的推動亦可協助解決當前我國師資培育中相當嚴重的「流浪教師」問題。

期待「與時俱進、因才施教」能成爲十二年國教之後，中學教學發展的新趨勢。

本文轉載並修改自：張德銳，「與時俱進，因材施教——十二年國教後中學教學發展趨勢」，師友月刊，556期（2013-12-01）：58-62。對於師友月刊主編同意轉載本文，敬表謝忱。

# 5

# 師資培育法實施20週年有感——在困境中前進

教師的專業化有賴師資培育。我國新制師資培育的實施剛滿20週年，這20年來在師資職前教育有一些進步與成就，但實施以來也面臨了許多困境，如何突破困境，在困境中向前邁進，迎接勝利成功的明天，是師資培育界可以共同努力的方向。

我國新制中小學師資培育，係根據民國83年所三讀通過的「師資培育法」，但由於一般大學加入師資培育的行列，和師範校院一同培育中小學教師，是從84年才開始的，是故迄今剛好滿20週年，這20年來有一些成就，但也面臨了諸多困境，有必要加以檢討後，重新再出發。

我是師範校院的公費生，曾在國中擔任教職六年，受國家栽培，考取公費留考留學美國，回國後在師範校院擔任教職長達22年。後因追尋生命的意義，來到一所具有宗教氛圍的大學服務也快近四年了，這樣的人生經驗，讓我想從各種不同的視野來爲我國20年的新制師資培育做一個見證。企盼我的見證，能讓未來我國的師資培育走向更健全發展的康莊大道。

## 新制師資培育的進步

新制師資培育自實施以來，雖然備受批評，但如果以我在民國60年代所受的師範教育而言，還是有以下幾點進步的地方：

首先是在招生管道的擴充上。相較於以前高中以下師資培育由師範校院與教育院系培養的情形，新制師資培育則明訂一般大學亦可申請設立教育學程，成為當前雙軌制的發展。我是師範生出身，相信師範校院仍有存在的價值，是師資培育的中堅穩定力量，但是隨著社會的多元開放，能讓一般大學有志於從事教職的學生亦有學為良師的管道，應是一件好事。如果這兩個管道可以互相合作又良性競爭，應該對我國師資培育的發展，以及中小學教職生態的多樣性是有所助益的。

其次是在專門學科課程和教育專業課程的要求方面。我在師範大學的主修是社會工作，並以輔修的方式取得中學國文教師的證書，那時的規定是修習國文本科課程20學分以及教育專業課程20學分。對照之下，目前師資培育所要求的國中教師國文課程係34學分以及教育專業課程26學分。在授課內容上，以往偏於理論，現雖仍以理論為主，但愈來愈強調實地學習經驗。另在授課方式上，以往多為講述方式，現在除講述外，亦有討論、合作學習、問題導向學習等更多元的方式。

在教學實習和教育實習方面，我的教學實習僅有參觀中學以及觀摩國文教師幾堂課的經驗，另教育實習雖名為一年的實習，但有名無實，因那年同時是正式教師的第一年，並沒有實習輔導教師的實質輔導，指導教授亦未曾到校指導，那時多放任實習教師「載浮載沈」。到如今教學實習的觀摩及試教，以及半年教育實習中的教學實習、導師實習、行政實習與研習活動大多業已進入正軌，實習生也多能從實習輔導教師以及指導教授處獲得實質上的支持與指導。

在教師資格檢定上，我們那時只要修完教育學程的相關規定，便可獲得教師證書並分發至中學服務，並無任何教師資格檢定以及教師甄試的篩選。現在的師資生則要接受教檢和教甄的雙重嚴格考驗。教檢通過率從民國94年高達百分之九十幾的通過率，到104年度小學和中學師資類科通過率分別只有43.92%和60.54%，而到了105年度教師資格檢定整體及格率爲50.77%，是近10年最低的一次。教師資格檢定考試是當教師的基本門檻，通過後取得教師證，才有資格參加教師甄試，爭取正式教師職缺，正式教師錄取率平均約10%左右。對師資生而言是一個不小的挑戰，獲得正式教師職位更是一個嚴峻的考驗。

最後，在師資培育專責單位上，以往師資培育的主管機關爲教育部中等教育司，經學者一再呼籲以及教育行政官員的努力下，終於在102年創設師資培育的專責單位—師資培育及藝術教育司，爲我國長期永續培育優質教師開啓一個新的時代。

## 新制師資培育的困境

這是一個光明的時代，亦是一個黑暗的時代。新制師資培育的光明面業已如前述，惟其暗淡面亦強烈地影響著當前師資培育的發展，其犖犖大者有四：

第一個廣為所知的困境，便是教職供需失調所造成的流浪教師問題。教職供需失調在實施新制師資培育的初期並不嚴重，民國80年代師範校院公費生固然教職無虞，自費生亦多能謀得教職，甚至那時我所任教的臺北市立師範學院國民教育研究所雖每年招生名額只有20名，但報名的考生往往有超過五百名的盛況，這是因為教育研究所的學生亦可就讀教育學程的緣故。可見新制師資培育的前八年是黃金時期。

到了民國92年，情勢卻急轉直下，師資培育多元化，導致教師供給量大增，加上少子化和各級學校教師總量需求減少的雙重效應，因而中小學教師的供需嚴重失衡，許多具備正式教師資格者無法擔任教職，造成社會的問題。對於中小學而言，由於缺乏教師的新陳代謝，造成教師生態欠缺源頭活水。對於師資培育機構而言，由於教職謀求至為不易，優秀的學生不願意投入教育學程，造成師資生素質低落的現象。

為什麼會造成教職供需失調這麼嚴重的問題呢？歸其主因乃是在於國人過度相信師資培育市場化的機能而忽略專業化的考量。在教職市場的需求面，中小學管控正式教職的員額，乃造成代理代課教師充斥中小學教學現場，而正職教師卻「一位難求」之現象。依102學年度的《中華民國師資培育統計年報》的資料，當學年度公立中小學及幼兒園合格代理代課教師共19,178位，佔全體公立學校教師總人數之

10.08%。這兩年由於教師需繳交綜合所得稅，政府以教師減課做爲配套，亦加劇了公立中小學代課教師增多的亂象，這對於中小學的教學品質是有害的。

在供給面上，一般大學急於爲學生分食教職的大餅，教育學程之申請條件至爲寬鬆（記得當時在教師員額上只要有三位專任教師即符合規定），以及教育行政機關未能以專業的要求嚴格把關，乃造成師資培育單位及師資生人數激增之現象。依《中華民國師資培育統計年報》的資料，92學年度的全國師資培育之大學成長至75校（包括許多大學後段班的技術學院），年度核定招生量成長至20,211位師資生。從這一段發展的歷史，可見行政院教育改革審議委員會在民國85年所主張的「教育鬆綁」、「教育學程由中央政府訂定其最低設置基準與各領域學分要求」，亦恐落入市場化的迷思。

回顧過往，如果當時大學端沒有急於爲學生謀教職的心態，如果當時教育部在「大學校院教育學程師資及設立標準」採取較嚴格的專業標準，又如果教育行政官員能有「宏觀調控」的作爲，洞燭少子化的機先，依人口統計的資料，早幾年就開始管制師資生的數量，而不是等到流浪教師已成爲舉國皆以爲不可的社會問題後，才在94學年度開始雷厲風行的調降師資培育的數量，也許今天我國中小學師資培育就不會遭逢如此險峻的境地。這樣的歷史經驗也告訴我們「急於膨脹」的師資培育數量政策是相當危險且堪慮的。

第二個嚴重的問題是師範校院轉型以及一般師培大學人

力物力資源不足的問題。在師資培育多元化後，受衝擊最大的應屬師範校院，尤其是培養小學師資的師範學院（現已部份合併爲綜合大學，部份改名爲教育大學），其唯一的目標就是培養師資，這也是師範學院的優勢所在。但在師資培育多元化多年之後，師範校院原有優勢不復存在，加上流浪教師的問題，大學錄取分數逐年下降，學生素質日益低落，這對我國師資教育的發展是不利的，也讓我當時在臺北市立師範學院服務時有很多的感慨。

師範校院轉型爲綜合大學或保留成爲我國師資培育的中堅穩定力量，固然是師範校院要自立自強的事，但是也是需要教育部經費的支持才能竟全功。很可惜的，我國教育經費的編列長期重高等教育、輕師範教育（我在民國80年代末及90年代初曾參與撰寫《中華民國教育年報》的師資培育部份，我蒐集到的統計資料一再告訴我：師範校院平均每生經常支出和資本支出皆遠低於公立大學校院），近十年來復因兩個五年五百億的頂尖大學計畫以及每年數十億的教學卓越計畫，已造成經費排擠效應，對於師範校院的經費補助自然十分有限。師範學院本身先天體質欠佳，加上後天營養失調，乃造成今日師範學院發展的窘境。

同樣的，教育部對於一般大學師資培育中心的補助更是有限。辦理師資培育是一個相當龐雜的工程，需要足夠的人力和經費設備。以我現在所服務的師資培育單位爲例，校方雖然非常支持師資培育工作，但由於學分費收入十分有限，所以每年都要虧損數百萬元辦理師培工作。目前師培中心的人力緊迫，教室設備雖備有電腦、投影機和布幕，但是比起中小學現場已日漸普及的電子白板教學和平板電腦行動學習而言，還是相當落後的。以這樣的設備，怎能期待師資生日後在教學現場趕得上時代的潮流。加上教育部今年5月公布「資訊教育總藍圖」計畫，十二年國教領綱107年上路後，中小學課程都要納入「資訊科技」，學習用電腦來解決問題。這對於培育中小學教師的「搖籃」單位而言，毋寧是雪上加霜，十分諷刺。

在談完教職供需結構失調及人力物力不足這兩個問題後，要談師資培育專業化的一個重要問題，即我國中小學師資培育長期欠缺專業標準的指引。有鑑於教師專業標準的重要性，英美澳等先進國家早在20世紀末，便紛紛提出相當具有公信力的「教師專業標準」，做爲師資培育和教師專業發展的指引。《中華民國師資培育白皮書》中也揭櫫要「推動標準本位的教師專業成長系統，從師資生遴選與輔導、實施師資培育課程、培育核心內涵、進行教師檢定考試、發展教育實習活動、導引初任教師任職、建立系統化教師在職進修制度、提供教師學習支持系統、激勵教師專業發展、處理不適任教師等，皆以『教師專業標準』爲依歸，藉此兼顧師資職前與教師在職的永續專業發展。」

很可惜的，我國過往長期欠缺具有全國共識性的教師專業標準，由於專業控制不振，現行在師資培育課程、教育實習、教師資格檢定、師資培育評鑑上還是具有比較濃厚的政府操控色彩。在師資培育課程方面，受教育部發布之「各類科師資職前教育課程教育專業課程科目及學分對照表」之限，全國各師資培育大學之教育專業課程內涵趨於同一，很難發展各校的特色，另該表是否能符應現今十二年國民基本教育之需，也有待檢討。另以中學師資類科爲例，部訂教育專業課程比較重視的是教育基礎課程和教育方法學課程，比較薄弱的是教材教法和教學實習課程，特別是分科／分領域教材教法只有2學分，實在很難培養師資生最欠缺而教學現場最需要的「學科教學知識」（pedagogical content knowledge，簡稱PCK）。

如今教育部師資培育及藝術教育司業已於2016年2月15日經臺教師（三）字第1050018281號函發布「中華民國教師專業標準指引」，作爲各師資培育大學規劃職前師資培育課程、安排師資生實習輔導與評量等之參考，是故我建議師資培育及藝術教育司今後宜在師資培育課程、教育實習、教師資格檢定、師資培育評鑑等適度減輕政府控制色彩，特別是在課程發展與設計上，宜讓各師資培育大學有更多自主發展的空間。

在教學實習和教育實習方面，我這四年來的指導經驗是感受到教育部和校方有在減輕指導教授的負擔，而教學現場的實習輔導教師也很樂意從事薪火相傳的工作，但是能提供給他們的工作誘因實在十分的有限。最近有一位實驗小學的優秀教師便半開玩笑地向我說：「新加坡大學提供給她們每週五千元的實習輔導津貼，啊！你們怎麼什麼都沒有？」我只好笑著向她解釋說：「很抱歉！學校入不敷出，我們只能提給您精神上的榮譽，外加一個小禮物和2杯咖啡囉！」

在教師資格檢定上，確實有在發揮品質把關的功能，但是問題是：考科多是教育專業知識，在「學科教學知識」以及教學實作能力方面還是有加強的必要。另外，也許是因爲題目趨嚴和學生素質下降的雙重關係，近幾年教檢的通過率偏低，特別是104年度小學師資類科全國通過率只有四成多而已，這對於已修畢小教40學分又已投入一學期教育實習的師資生是不小的打擊。

另在師資培育評鑑上，做爲一位剛受完評鑑的參與者，我還是肯定現行五年一週期的師資培育評鑑具有品質把關的功能，但是我的感覺是評鑑項目太繁瑣了，要準備的書面資料甚鉅，消耗的時間和心力太多了，並且只要有一、二個小細項沒通過，就有可能影響整個評鑑結果，這也太嚴苛了。另外，以評鑑結果汰劣的功能較強，但是做爲輔導、改善、扶弱的功能則甚微。

我認爲當前師資培育還有一個很嚴重的困境，亦即教師社會聲望降低，教師敬業精神旁落，理想經師與人師之圖像亟待重建的問題。這一點我深有感觸，我讀師大時深受師範氛圍的影響，一生以教育爲志業，雖同時具有公務人員高考和普考及格，但深受國中老師和高中老師的影響，以「讀師範，當老師」爲志。但如今和師資生的接觸經驗，發現他們普遍具現實功利的取向。雖有不少師資生仍以教師爲事業爲志業，但亦有不少師資生係抱持「多一張證照，多一個工作機會」的觀念。如何培養師資生具有經師、人師兼具的良師精神，成爲師資培育工作者的一大挑戰。

## 在困境中向前邁進

陶淵明之《歸去來兮辭》有云：「悟已往之不諫，知來者之可追。實迷途其未遠，覺今是而昨非。」我堅信我國的師資培育還是大有可爲的。一方面，師範校院的元氣仍在，具有中流砥柱的力量。另方面一般大學中仍有無數莘莘學子嚮往教職的事業。我國師資培育的發展，如能檢討過去，以穩健的步伐向前邁進，良師興國的理想還是可以達成的。

首先，要解決我國師資培育的當前最大困境，還是在師資培育供需的調和。換言之，如何在尊重市場機能下，適度地做專業管控，以解決市場失能的弊端，是我們可以努力的方向。教育部在師資培育供給減量上，近幾年有相當的成效，所以目前主要問題還是在於「把餅做大」，亦即擴大正式教師的缺額。當教師缺額與當年具教師資格者，成一定的比率以上，才有可能吸引優秀學生進入教育學程就讀。爲了擴大正式教師的缺額，我呼籲教育行政機關及各級學校應逐年放寬教師職缺管控的比率和人數，另深盼教育行政機關能落實小班教學以及增加師生比。例如全國小學比照國中，從一班1.5提高到2.0的教師編制，而不只是偏鄉學校才有2.0的編制的教育政策。

在師範校院所倡議的公費政策上，我同意在師資培育多元化下，公費制度仍有存在的必要，以吸引優秀清寒學生從事教職。惟公費生應嚴格限定在山地、離島、偏遠地區以及不足類科的師資。另在當前教師職缺仍相當有限的情況下，公費生名額應做嚴謹總量管制，不宜過度膨脹，以免產生排擠作用，使得大量有服務意願的自費生更加求職無門，而加重了流浪教師的問題。但我認為能吸引優秀清寒學生進入師資培育行列，且無排擠副作用的方式，還是以師資培育獎助學金較為理想。很高興教育部這兩年開始提供了我服務單位的「卓越師資培育獎學金」，而這每月八千元的獎學金，對於招生宣傳以及師資生的生活有實質的幫助。

第二，我希望教育部能加強對師範校院及一般師培大學的經費補助。如前所述，師範校院的轉型發展需要經費，而一般師培大學在設備及圖書的擴充，以及各項師培活動的提升，更有賴教育部的經費補助（我也希望師範大學能自立自強、自給自足，但很抱歉在當前低學費政策下很難做到）。以我現正參與的「精進師資素質計畫」而言，我透過教育部補助的經費，一方面幫助實習學校進行行動研究，另方面延請實習學校的資深優良教師到師培中心做教學經驗分享，不但對於師資生理論與實務經驗的融合有些幫助，也經由這樣的中小學夥伴協作經驗，為往後「專業發展學校」（professional development school，簡稱PDS）的發展奠定基礎。

第三，我希望教育部能再加強建構一個具有全國共識性的教師專業標準。教育部雖然業已發布了「中華民國教師專業標準指引」，但總覺得其全國共識性還是不足，例如教師團體對於「中華民國教師專業標準指引」的發布及其內涵，仍有許多反對意見。是故如何加強有關教師標準指引的宣導溝通，以及傾聽各師資培育機構、基層教師、以及各利害相關團體的聲音，以做爲後續修正的依據，教育部還是有許多要努力的地方。

第四，有了教師專業標準之後，我建議在教育專業課程上，宜授權各師資培育大學可依其辦學理念以及十二年國教的重要政策概念，發展特色，但課程中宜加強教材教法及教學實習課程的質量。在教學實習及教育實習上，宜加強實習輔導教師的培訓認證以及工作誘因的提供。另在教師資格檢定上，宜加強學科教學知識以及教學實作能力的檢定。在師資培育評鑑上，除簡化評鑑項目外，宜落實「評鑑目的在改善不在證明」之要旨。

最後，我建議我國師資培育機構加強服務學習和師道儀式的推展。在這一點，現行教育部所推動的史懷哲精神計畫、補救教學計畫、偏鄉服務計畫等，都是値得申請辦理的。另外各師資培育單位也常自發性的辦理弱勢者機構（如育幼院、老人安養機構等）志工服務計畫、寒暑假中小學營隊計畫、中小學課後輔導計畫等，這不但能增加師資生服務中學習的經驗，也無形中強化了師資生「人生以服務爲目的」的情懷。

此外，如何善用各種典禮和儀式，強化師道精神，也是値得推動的。以我現在服務單位爲例，在每個重要活動結束前，我們都會合唱「薪傳」這首歌。另外「新生叩門禮」

及「結業派遣禮」也是頗有特色的。在叩門禮中，師資生表達願意學為良師的承諾。在師資生教育實習結業時，則採行天主教行之有年的「承諾派遣禮」，典禮中效法耶穌基督的懿行，由師長對結業生做「洗腳」的服務，最後，則透過神父、師長之祝福並派遣結業生到教育界服務等儀式，對師資生而言都有師道傳承的深切意涵。

在新制師資培育實施20週年的今天，我看到了一些困境，但更滿懷希望地迎接璀燦的明天。**讓我們在共識中攜手、在困境中前進！願「良師興國」不再是一個口號，而是一個理想的實踐！**

本文轉載並修改自：張德銳，「在困境中前進——師資培育法實施20週年有感」，臺灣教育，697期（2016-02-01）：30-34。對於臺灣教育雙月刊主編同意轉載本文，敬表謝忱。

# 6

# 教學輔導教師的服務領導——愛與奉獻

具有「愛」與「奉獻」兩個核心特徵的服務領導，就是一種強調「先服務後領導」，或者集服務與領導於一身的一種人性化領導歷程，其目的在於幫助別人成長和成功，進而使得學校教育也能夠發展和優質。本文簡要說明了服務領導的意義和內涵，並介紹了五位中小學教學輔導教師，他們所展現對學生與同事的愛，以及無私奉獻給學校教育的服務領導事蹟。

兩個多月前參加了一位同事——故張煌熙教授的追思禮拜。張教授和我在23年前同時進入臺北市立師範學院（現爲臺北市立大學）服務，也是我曾就讀的國立臺灣師範大學教育研究所的學長。由於張教授在往生前三個月受洗成爲基督徒，是故整個儀式是用基督教的方式進行的，氣氛雖有些哀傷，但卻也十分感人。儀式中的主軸除了追思張教授對家庭、對學生、對教育事業的愛與奉獻之外，另一個主軸就在於宣揚耶穌基督對於世人無限的愛與犧牲奉獻。

這個追思禮拜，除了令我懷念這位剛過世的同事外，也讓我憶起兩位逝去不久的好友——故國立臺灣師範大學教育學系張明輝教授以及故臺北市立教育大學林天祐校長。這兩位教育界的菁英都是在任內過世的，他們的世壽也許並不是很長，但他們對教育界的愛及無私無我的奉獻和成就，都是令人景仰的典範。我認爲一個人之所以令人懷念和尊敬，不在於他們的財富和地位，而是在於他們的愛，他們能活出愛，以愛的無敵力量，對社會付出與奉獻，才能使這個社會變得更美好祥和。

生命有限，人生苦短。如何把握極短的人生多爲教育界做點事，是我就讀師範教育以來的志向，其中一個努力方向，便是爲我國教育界建構一個教師薪火相傳的平台——教學輔導教師（mentor teacher，簡稱教學導師）制度。這個制度在臺北市中小學已有近15年的歷史，在臺灣其他各縣市中小學則爲晚近7、8年來的事。就臺北市而言，業已培訓了三千多位教學輔導教師，這些老師在默默地服務學校裡的夥伴教師，爲了彰顯教學輔導教師以愛和奉獻服務同事的優良事蹟，我最近很榮幸的和高敏麗老師主編了一本專輯《愛與奉獻——服務領導故事集》。這本專輯述說著13位臺北市中小學教學輔導教師「愛與奉獻」的服務領導故事。

## 什麼是服務領導

「服務領導」（servant-leadership）是「服務」和「領導」的結合詞。就領導的面向而言，在學校裡的每一個成員，特別是基層教師當然可以是領導者，而做爲一位領導者宜以「人生以服務爲目的」之情懷，服務學生、家長和同事。也就是說，服務領導係一種強調「先服務後領導」，或者集服務與領導於一身的一種人性化領導歷程，其目的在於幫助別人成長和成功，進而使得學校教育也能夠發展和優質。

服務領導和宗教，特別是基督宗教有很深的淵源。服務領導最早可溯源於基督宗教的創立者——耶穌基督（Jesus Christ），在若望福音13章中記錄著耶穌基督以救世主之尊，親身示範爲12位門徒洗腳的這種相當卑下行爲，就是號召門徒爲世人服務與奉獻的最佳典範。同樣的，佛教教主釋迦牟尼佛，親身爲眼盲的徒弟—阿那律尊者縫補僧衣之事蹟，亦是服務領導的範例。另外，回教經典中亦有「能瞭解別人的苦難，伸出協助之手，幫助減緩其苦難，便是回教徒」之教義。可見「愛」與「服務」確實是普世的價值。

服務領導的核心理念爲「愛與奉獻」。什麼是愛？格林多前書（13：4-7）說明：「愛是含忍的，愛是慈祥的，愛不嫉妒，不誇張，不自大，不作無禮的事，不求己益，不動怒，不圖謀惡事，不以不義爲樂，卻與眞理同樂：凡事包容，凡事相信，凡事盼望，凡事忍耐。」根據此一愛的眞諦，以愛爲核心的服務領導者具有八個特質，亦即忍耐、恩慈、謙卑、尊重、無私、寬恕、誠實、守信。

至於服務領導者的行爲特徵方面，在關懷成員面向上，服務領導者常表現下列五個行爲：（1）覺察：自我覺察、反思、檢討改進自己。（2）傾聽：透過傾聽，瞭解被領導者的需求、想法和意志。（3）同理：站在被領導者的立場，以同理心感同身受。（4）治癒：不但有自癒的力量，也能治癒被領導者在情緒上與心靈的傷痛。（5）說服：能動之以情、說之以理，發揮專業的影響力。

在推動工作面向下，服務領導者則常表現如下五個行爲：（1）服侍：腳踏實地服務學生、同事、學校，做好管家的責任。（2）對人的成長的承諾：致力於提升他人在專業和靈性上的成長。（3）建立社群：能和他人共享價值，建構合作團隊。（4）概念化：具有寬廣視野，能掌握問題的全盤狀況。（5）遠見：能預見事件或情境的發展，及時做出合理的決策。

相較於傳統的領導學說，服務領導的基本價值信念係在「以服務代替領導」、「重服務而非重領導」，這種利他主義的領導理論與實務，在當前日趨功利的教育氛圍中，實有暮鼓晨鐘之效。若在學校裡，人人皆有服務領導的精神，校長們便不會覺得「有責無權」之苦，而能更謙卑地爲學生、爲家長、爲老師服務著；老師們不會以「孩子難教」爲苦，而以「歡喜做甘願受」的心態，默默地付出。學生們也會以感恩的心謝謝老師的教誨，並在爲他人服務的氛圍中學習與成長。服務領導可以說是當今我國教育界中亟需培養的素質修養。

## 服務領導的五個故事

我國中小學推動實施的「教學輔導教師」制度，係提供一個服務的平台，讓資深優良教師經遴選、培訓、認證後，激勵他們以愛與奉獻的精神，個別地協助、支持初任教師、新進教師、教學困難教師，此外亦可經由建立或參與社群的方式，服務學校中許許多多自願成長的教師。本文簡要介紹五位教學輔導教師服務領導的實踐案例。

1. 國語實小王秋香老師

秋香老師從事教職23年，其間長達20年的時間是擔任導師職務，有許多好老師的特質一正向、自信、謙卑、樂於學習、樂於分享，這些特質加上專業素養，圓熟而獨特的教學實務智慧，熱心地薪火傳承給實習教師和新進教師，造就了無數的教育新血輪，堪稱服務領導的佼佼者。印象最深刻的是一位實習老師，從原本令人提心吊膽的表現，在半年內脫胎換骨，蛻變爲可以獨當一面的老師。在實習的最後一天，他在教室穿堂對秋香老師90度鞠躬致謝，讓秋香老師很感動，那種感覺讓她覺得辛苦的付出是非常值得的。目前在南台灣從事教職的這位老師，仍會不定期跟秋香老師聯絡、請益，持續師徒的情誼。

2. 濱江國小陳蕙菁老師

蕙菁老師取得教學導師資格後，每年帶領至多三位夥伴，連續三年不間斷，這是因爲她考量到學校屬新復校，具有教學導師資格者不多，而需要支持、協助的夥伴卻頗多，所以她願意多承擔一些，但驅使她來者不拒，無私奉獻的最重要關鍵是她深具熱情且平易近人的特質。熱情的蕙菁老師認爲人與人的互動，要有五到——心到、眼到、耳到、手到、口到，最首要的「心到」就是從關心夥伴教師的生活點滴開始，建立和夥伴教師的信任關係。之後，蕙菁老師會親自上課，示範教學給夥伴老師看，逐步累積夥伴教師在課程與教學上的實務概念。在學期過一段時間後，蕙菁老師會慢慢進行對夥伴的觀課。她提到在觀課中可以運用的另外三到，眼睛要雪亮，要看到夥伴老師的需求；耳朵要多傾聽他們的困惑；嘴巴要多讚美讓他們有信心。

3. 長安國中程峻老師

繞了一大圈，當了八年的軍人，因爲國家政策的改變，讓程峻老師有機會離開軍職，一圓年少時的夢想——體育老師，歷經一連串的努力（學士後學分班、兩年中近20場的教師甄試），終於在90學年度順利過關斬將進入長安國中，擔任體育教師兼生教組長服務至今。教書近16年，除了碩士論文，程老師還寫了八本專書、約40篇的期刊論文、得獎無數的教案設計，以及一本專案計畫的報告書。在輔導新進的代理教師上，向來講求「績效」的程老師，爲了讓夥伴老師在往後教甄的道路上有較多加分的機會，更是不斷的協助及勉勵夥伴教師完成一項項工作且參與競賽，光是從兩年內的獲獎紀錄，就可以看見師傅是多麼大方的傾囊相授，而徒弟也不辜負師傅的提拔，認眞地完成任務，師徒倆努力不懈的成果，最後幫助夥伴教師考上教師正職，這便是教學輔導教師制度成效的最佳印證。

4. 永春高中方美琪老師

進入永春高中服務至今已逾20年的美琪老師，爽朗樂觀、樂善好施的個性，讓她有絕佳的人緣；思維縝密、觀察入微的特質，讓她有高人一等的視野，憑著一股喜歡爲人服務的傻勁，加上「人和」和「視野」這兩個法寶，美琪老師默默地引領學校的教學輔導教師社群和相關的專業發展工作不斷向前邁進。除了個別輔導之外，美琪老師亦參與校內外的專業學習社群。烏克麗麗社群的開創便是一個例子，起初只是因爲美琪老師自己想學，所以想找幾個有志一同的老師們分攤琴師的費用，沒想到一號召，竟然有30多人響應，療癒性的烏克麗麗社群就這樣誕生了。且二話不說的接下臺北市音樂科輔導團團員的任務，盡心盡力的規劃研習活動，回應音樂老師的需求，則又是另一個範例。以玩社群的方式，精進教師專業，是美琪老師服務領導的特質。

5. 內湖高工彭欽隆老師

「在影響他人前，演出更好的自己。」是欽隆老師一向所秉持的理念，從擔任班級導師、學務主任，延伸到現階段擔任教學輔導教師專業學習社群召集人，無論是擬定教學輔導教師實施計畫，設計活動，甚至規劃統整教師專業發展評鑑規準、表格、檢核資料，管理教師專業發展評鑑網頁，欽隆老師都自我惕厲：懷抱正向的觀點與務實的行動，才能影響他人。此外，欽隆老師更是「活到老，學到老；與時俱進，學以致用」的楷模。已達退休年齡的他，上課必定帶平板電腦，因爲備課教學的內容都在當中。近年來教育界關注的「學習共同體」，欽隆老師不但自己去學，並與另外兩位國文老師一同赴日參觀，跟隨佐藤學教授觀課、參訪、學習，主動安排校內分享。他發現教師專業發展評鑑的焦點是在老師怎麼教，學習共同體的部分是在學生怎麼學，如何連結這兩個體系，發揮一加一大於二的功能，是他所關切的事。他也不斷地深思，尋求在校內落實推動「翻轉教學」的可能性。

彭欽隆老師和其他教學輔導教師一樣，很少自認是學校中的領導者，而是將自己定位在「服務同事的義工」，懷抱愛學生、愛同事、愛學校的愛的理念，以無私無我的態度，關懷夥伴教師、服侍夥伴教師，期待夥伴教師在教學專業的路上成長茁壯。他們在服務中享受付出的快樂，在奉獻時，感受施比受更有福的喜樂。他們的言教和身教，的確展現「成就別人就是成就自己」的服務領導精神。

## 願愛的春風吹拂人間

以上五位服務領導者的故事，看似很平凡的教師，卻也顯現其不平凡而且感人的一面，更見證了耶穌基督所創立的服務領導的意義與價值。這種主張「愛與奉獻」的服務領導核心理念，在我國中小學日益功利化的教育環境裡，就像一陣陣春風、一道道陽光，溫暖了教育界、照亮了教育界，就像〈溫柔的風吹響了風鈴〉這首歌中所呈現的愛的真諦，教師的愛猶如「溫柔慈愛的春風吹響了孩子的風鈴」。同樣的，教學輔導教師們對同事、對夥伴教師、對學校的大愛，也是那溫柔慈愛的春風，不斷地吹拂人間。

我也相信那三位已逝去的教育界同工—— 林天祐校長、張明輝教授和張煌熙教授，他們也已如〈千風之歌〉中所說的：「化身爲千縷微風，翱翔在無限寬廣的天空裡；化身爲陽光，照射在田野間」。他們對世間的愛，已累積爲「天國的財富」；他們對教育界的奉獻，讓臺灣的教育界有一個更美好的明天。誠如故于斌樞機主教（1901-1978）的證詞：**「有了愛，一切都會活起來！」**

本文轉載自：張德銳，「愛與奉獻—教學輔導教師服務領導」，師友月刊，582期（2015-12-01）：86-92。對於師友月刊主編同意轉載本文，敬表謝忱。

# 7

# 研習進修與實地學習並舉——日新又新

實地學習是教師專業發展的關鍵，它與研習進修係當代教師專業發展中兩個並行不悖的主軸，彼此可以發揮相輔相成的功效，不宜有所偏廢。認眞負責、有爲有守的教師們應該經由專業發展，日新又新，永保教學創新與活力。

「良師興國」是教育界最常聽到的一句話，這句話代表了國人對於教師的殷切期許，也激勵著我要盡心戮力，學爲良師，行爲世範，然後在教育界出類拔萃，並爲教育界多做點有意義的事，使得我國教育界有更美好的未來。

我深信沒有人天生就是好老師，爲經師爲人師皆是要努力學習與成長，才能日新又新，永保教學創新與活力。我也堅信教師的工作不只是職業，更是一個事業和志業，而志業良師若要在當前複雜多變的教育環境中屹立不搖，唯有走向專業，才能確保教職工作在穩定中創新發展。

## 不斷學習，至死方休

要成爲一個專業的教師，除了接受長期的教育訓練外，更重要的是不斷地在職進修與專業成長。日本著名的趨勢專家大前研一在《專業——你的唯一生存之道》一書中，再三強調做爲「專業人員」必須不斷學習，至死方休，才能確保在激烈的競爭中生存、發展和茁壯，如果抱殘守缺、故步自封，將會受到環境所淘汰的。

試想如果一位老師安於現狀，墨守成規，不求精進，經常用同一套教材，同一種教法，教導諸多孩子們，那將是一件多可怕的事。大哲學家杜威（John Dewey）在創辦進步主義的學校時，曾有一位老師很驕傲的告訴他說：「我已經教了三十年的書了！」杜威就回答說：「你是眞的教了三十年的書嗎？還是教了一年的書，重複了三十次。」杜威的回答啓示我們，做一位老師如果「以過去所學的知識，教導現在的學生，適應未來的社會」，是會誤人子弟的。

我國至聖先師孔子應是教師終生學習的楷模，孔子說：「吾十有五而志於學，三十而立，四十而不惑，五十而知天命，六十而耳順，七十而從心所欲不踰矩。」可見孔子一生都是在不斷學習，至死方休，早年他所學的也許是知識和技術，而隨著年齡的增長，早已走向「天人合一」的人生大智慧。孔子經常爲了學習而廢寢忘食，他曾自評自己說：「其爲人也，發憤忘食，樂以忘憂，不知老之將至云爾」。

## 研習進修在中小學的發展

由於社會變遷迅速，知識的半衰期日益縮短，世界各國莫不加強辦理教師在職進修教育，使教師能與時俱進，善盡傳道、授業、解惑的天職。同樣的，我國政府自遷臺以來，亦相當重視教師在職進修與發展。

我國中小學教師由於重視學位的傳統觀念，復由於政府「晉級加薪」的鼓勵，從民國60、70年代伊始，師專畢業的老師們，就競相插考大學夜間部，到80年代起老師們熱衷就讀碩士40學分班以及90年代的碩士學位班，到了今天，在中小學裡具有碩博士學位者已是滿校園。依103年度的《中華民國師資培育統計年報》，我國中小學教師（含幼兒園）具有碩士學位的比例已高達50.50%，另有博士學位者共有2,394人（1.23%），這樣的數字應不會輸給美英日德等先進國家，惟仍可加強的是幼兒園教師（17.90%）以及私立學校教師（34.35%）。

我自己本人亦是政府鼓勵在職進修學位的受益者。我在民國69年開始當中學老師，70年考上臺師大教育研究所碩士班，因受《師範教育法》第17條所限，人事單位不同意我們這一批同期考上碩士班的7位臺北市教師在職進修，經一番爭取，在當時臺北市政府教育局局長毛連塭先生的開明觀念下，讓我們順利在職進修，之後臺北市中小學教師在職進修碩士班乃逐漸蔚爲風氣。之後，我在74年復考上教育部公費留學考試的教育行政學門，但這一次就必須辭職赴美留學了。由於辭職了，便失去了回中學任教的機會，但也讓我破釜沉舟，必須取得更高級的學位，才能回國繼續在教育界做出貢獻。

我國中小學教師除了積極學位進修外，亦相當普遍地參與了國立教育研究院及各縣市政府教育局教師研習中心的中短期研習進修，這類的研習較爲人熟知的除校長與主任儲訓班外，常開設政府所指定的教育改革與課程改革的研習課程，另外各學習領域的國民教育輔導團，亦爲中小學教師的教學增能提供了不少的研習課程。惟這些研習常是「由上而下」的，學校以及教師的需求並無法顧及，故晚近較為國內教育界所倡導的是「以學校為本位的在職進修」。

以學校及校內老師的需求來設計教師研習活動，在理論上，對學校組織及教師個人都有益處。在學校方面，它可以根據學校經營的整體架構及方向，提供教師專業成長的機會，還可以透過研習活動培養校內人才；對教師而言，研習活動較有可能滿足教師個人需求，另外也可使教師在專業成長的過程扮演更積極的角色。但在實務方面，它的實施在國內也產生一些問題，包括：國內對國民教育投資有限，學校常缺乏辦理自主規劃研習所需的資源。另外，由於過於關注學校內部事務的處理，常會忽略外在環境的改變以及教育整體發展的配合。

然目前我國中小學教師進修的困境之一，係在於缺乏因教師生涯發展的需求而做的差異化設計，致使初任教師、中堅教師以及資深教師所參與的研習活動常為同一化。因此，如何考量教師生涯發展的需求（例如初任教師較需班級經營與親師溝通，資深教師較需教學創新及教師領導），做長遠性與整體性的規劃，讓每一階段的教師在研習內容上皆能各取所需，研習後亦能各盡所能，是教師人才培育與發展的關鍵。

## 實地學習才是關鍵

我國中小學教師在職進修的另一個更大的困境，係因過度重視學位學分進修，而輕忽了實踐本位的教師學習。目前我國教師進修成長的目標，究竟在取得學位學分或發展教學能力，並不明確，加上學位學分的獲得可以晉級加薪，因此造成教師一味追求學位學分進修，而忽略了在教學現場專業能力與態度的進一步培養，這才是教師專業發展的大忌。

「實踐本位的教師學習」係指教師在教學現場的實踐與學習，透過不斷思考教學本身所需的實務技能，反省實踐與協同合作研究有關教室教學實務，以提升教學實務智慧。誠如杜威的名言：「做中學」、「行中思」，這種實踐本位的教師學習才是教師專業發展的關鍵，最起碼它與教師研習進修係當代教師專業發展中兩個並行不悖的主軸，可以發揮相輔相成的功效，而不宜有所偏廢。

很可惜的，我國教育行政機構以及各級學校在推動教師專業成長活動時，常常沒有將實踐本位教師學習列入重要的考量。例如在「教育部補助辦理十二年國民基本教育精進國民中小學教學品質要點」中，規劃了「關鍵五堂課」，亦即「十二年國教理念與實施策略」、「有效教學策略」、「差異化教學」、「多元評量理念與應用」、「適性輔導」等五堂課共18小時，是全國中學教師的必修課，然僅設五堂課的研習能否改變中學教師已成「慣性」的教學方式，實在令人存疑。研習要有成效，除了要有系統性、進階性的規劃之外，最重要的是要提供良好的教學情境，引導教師在教學中的實踐與學習，並支持教師在實踐中積累成爲教學的智慧，這樣才能眞正協助教師在教育變革中成功地調適與成長。

爲促進中小學教師在教學實踐中有效的學習，有必要鼓勵教師進行教學省思及專業對話。自1980年代以來，「反思」已是教師專業發展的必備作爲。換言之，一位精進的老師會充分備課，做好「行動前省思」；在教學時會進行「行動中省思」，以隨時調整教學，因應情境的變化；在教學後會實施「行動後省思」，不斷思考與評估教學策略的利弊得失，並做爲下次教學改進與成長的依據。

另外，「對話」係教師專業發展的另一個必備作爲。也就是說，爲了讓教學省思發揮更大的功能，學校有必要鼓勵老師在信任合作氣氛下，相互對話、分享經驗、質疑對方觀點，刺激教師跳脫原有的思考框架，願意不斷地進行符合教學環境期許的自我檢視，建構與形塑教學實踐所必須的「實務智慧」。

爲了支持、協助、引導教師同儕間的「反思」與「對話」工作，國內「教學輔導教師制度」、「教師專業發展評鑑實施計畫」與「專業學習社群實施方案」等因應而生，成爲當代教師專業發展重要的機制。例如，臺北市南門國中周錦堯老師由於在初任教職時曾受校內資深教師的貴人啓導，讓他得以不慌不亂應付剛開始的初任教職生活。二十幾年後身爲教學輔導教師的他，就從他的夥伴教師姚老師開始，以有系統、輕鬆、溫馨的態度引導夥伴教師適應、解決班級經營問題，之後，錦堯老師為了同科教師在地球科學教學成長的需要，以「優化教學，建立專業社群」的夥伴協作方式，帶領自然領域的教師在地球科學課程中共同備課、觀課及討論，並協助學校獲得臺北市政府教育局所辦理的優質學校—專業發展的獎項。

又如臺北市永安國小康心怡老師，係郭俐廷老師在教育實習期間所景仰的資深優良教師。之後，郭俐廷老師請學校安排她到心怡老師的班級隔壁，就近學習、進行互動，四年來雙方締造深厚的情誼。經過心怡老師的循循善誘，俐廷老師感受到心怡老師對於教育的熱忱與專業的態度，這不僅讓她有良好的學習楷模，也孕育她在短期內就擁有大將之風的能量，在同儕間開始散發熱能、貢獻教學創意點子、並影響他人。隨著兩人情誼的發展，她們把同儕輔導的作法，擴展到同學年教師在課程上的共同備課、觀課和討論，最後終於獲得教育部教學卓越金質獎的殊榮。

從以上兩個例子，可以看得出來，實踐本位的教師學習強調經由教學現場的實地學習，經由同儕的鼓勵、協助與支持，教師得以「做中學」、「行中思」，透過不斷的對話與討論，讓老師在師資培育機構所學習的理論與教學實務有更多交融與連結的機會，它可以矯正以往我國中小學教師學習偏重理論以及教師進修由上而下的弊病，在當代教師專業發展中有其時代性的意義，是一個非常值得倡導的理念與實務。

## 實地學習的三個利器

「工欲善其事，必先利其器。」在談完教師專業發展的作法及機制後，有必要說明教師實地學習的工具和技術問題。我認為實地學習的第一個重要工具係「教學觀察與回饋」，教學觀察與回饋內含「觀察前會談」、「教學觀察」、「回饋會談」等三個步驟，可加以轉換成「備課」、「觀課」、「議課」等三個活動，以回應當今教學革新運動的需求。透過教學觀察與回饋所強調的「另一雙善意的眼睛」，可以在肯定教師在既有的基礎下，追求更優質的教學。

我除了倡導中小學教師應做備課、觀課與議課活動，我也支持身為首席教師的中小學校長應有每年做一次公開授課的機會。如果校長本身就願意帶頭做公開課的備課、觀課與議課活動，對於基層教師而言，是非常具有典範和示範作用的。例如臺北市國語實小楊美伶校長，為了推動學習共同體的教學創新，便以學習共同體的形式，進行數學領域的公開授課、觀課與議課，之後對於每一個學群所做的觀課與議課活動，她幾乎都會到場參與。

其次，「凡是走過的必留下足跡」，而教學檔案便是最能代表教師在教學現場實踐與反思的歷程。我深盼教師們能經由教學檔案來傳承教學經驗，也經由教學檔案的交流、分享與討論，形塑省思、對話、分享、合作與精進的教師文化。在這一方面，臺北市政府教育局委託天母國小進行優良教學檔案徵選已行之十數年，另從104年度開始教育部師資培育及藝術教育司也進行了優良教學檔案徵選與發表活動，其用心值得肯定。

行動研究是教師專業成長的利器之一。在中小學現場裡，我看到許多的現場老師，會善用行動研究，一方面解決教學問題，另方面做爲解決問題後，自我更新實務經驗的依據，爲自己建構更紮實、更廣闊的教學實務智慧。換言之，教學實務智慧的累積與更新，是可以透過行動研究來達成的。在這一方面，臺北市政府教育局從民國89年開始推動「中小學及幼兒園教育專業創新與行動研究徵件暨成果發表」，已歷經16年，成果相當豐碩。

## 日新又新的教師專業

我認爲每一位老師在其教學認知上都有其「基模」，也都有其理論與智慧的。這個基模也許來自早年的求學經驗，特別是受到過往授課教師的教學風格所影響，其後在師資培育機構的求學過程中，其教學基模第一次受到理論的洗禮以及實務經驗的薰陶，而有了初步的建構。歷經教師資格檢定以及教師甄試的重重難關與挑戰後，到了教學現場更面臨「現實的震撼」，必須經由「同化」與「調適」作用，使得原先的基模再建構後，方能應付環境的嚴峻挑戰。之後，復由於當今教育環境的複雜多變，教師的教學基模更要歷經無數次的同化與調適作用，才能成就一個日趨成熟、動態穩定的基模，即其教學實務智慧。

在這樣的一個教職發展狀態下，「改變」已是一個常態，而做爲一個專業人員，教師勢必要不斷的學習、成長與改變，這樣的改變是日新又新的，誠如湯之《盤銘》中所說的：「苟日新，日日新，又日新。」認眞負責、有爲有守的老師們，讓我們以中國人的古老智慧共勉之：**「天行健，君子以自強不息」**。

本文轉載自：張德銳，「日新又新——研習進修與實地學習並舉」，師友月刊，584期（2016-02-01）：9-15。對於師友月刊主編同意轉載本文，敬表謝忱。

# 8

# 專業發展導向的教師評鑑——在教學路上追求成長的幸福

在教學專業化的這條路上，唯有把教師評鑑導向於教學專業發展，才能符合廣大教師們的需求，進而有利於學生的學習。因此，當教師們在實施專業發展導向教師評鑑時，並不一定是一種負擔，而是一種與同儕在教學現場中共同攜手成長的幸福。

## 專業發展導向教師評鑑的理念

我從師大畢業以來，即以專業教師自我期許，曾任教國中國文教師多年，另為擔任國小教育實習指導工作，亦曾到國小現場從事英語科臨床教學工作。由於在教學現場的長期工作與實務接觸經驗，我深深覺得當老師是一件非常有福報的工作。而教學現場的廣大教師們，雖然累積了不少實務知識，但仍有賴於不斷的轉型與更新，才能建構成為「化智為慧」的教學實務智慧，而這種建構歷程以及與同事間協同合作的關係，亦是一般職業難以享受到的幸福。

個人亦有幸在國中任教之後，從事師資培育的工作，不論是長期在師範體制工作，或者由於因緣際會轉任一般大學師資培育中心繼續奉獻所學，深深覺得這兩種師資培育管道，各有所長，亦各有其短。但不論其利弊得失如何，追求師資培育專業化應是雙方共同的訴求，並宜透過教學、研究與服務對中小學教學現場的需求作積極的回應，例如參與政策制定、大手牽小手夥伴協作等。

就在這樣的一個背景脈絡下，個人有幸長期參與我國的教師評鑑工作，深知在教學專業化這條路上，唯有把教師評鑑導向於教學專業發展，才能符合廣大教師們的需求，進而有利於學生的學習，且能獲得家長及社會大衆的支持。因此，我認爲當教師們遇到教師評鑑時，特別是形成性的教師評鑑（亦即專業發展導向教師評鑑），它不是一種壓力，一種負擔，更不一種威脅，而是一種與同儕在教學現場中共同追求成長的幸福。

## 專業發展導向教師評鑑的精神

我在參與教育部教師評鑑起草小組時，便力主推動專業發展導向的教師評鑑，而教育部105年5月19日修正之「補助辦理教師專業發展評鑑實施要點」中，便明定係一種形成性評鑑，目的在協助教師專業成長，增進教師專業素養，提升教學品質，以增進學生學習成果，其評鑑結果不得做爲教師績效考核、不適任教師處理機制、教師進階（分級）制度之參據。換句話說，教師專業發展評鑑係以評鑑爲手段，以教師專業發展爲目的之機制，其重點應是在教師專業發展，而不應是在評鑑，這樣的立足點，才有可能讓廣大的教師們安心追求可能的幸福。但是如果本未倒置，爲了評鑑而評鑑，會讓教師們更加談「評」色變，終將得不償失，爲智者所譏，這樣的觀點我在多次的會議場合中均用懇切眞摯的態度苦口婆心加以說明，也常盼教育行政主政者能加以重視。

我在撰寫教育部「辦理中小學教師專業發展評鑑計畫說明」之宣導手冊時，便強調教師專業發展評鑑之精神有五個要點：（1）以教師專業發展爲主軸；（2）鼓勵學校申請辦理，教師自願參加；（3）鼓勵教師以自我省思及同儕專業互動爲成長手段；（4）以精進教學和班級經營爲主要成長內涵；（5）期待學生的學習表現和成效能獲得有效提升。其中要點之一，主要在確立教師專業發展評鑑的唯一目的在教師專業發展。要點之二，係由於教師評鑑尚未立法通過，所以說明教師評鑑之推動不能採強制性質，而勉強學校和老師們接受教師評鑑，其效果可能相當有限，甚至適得其反。

上述要點三至要點五，便是鼓勵教師們化評鑑的壓力爲動力，經由「實踐本位教師學習」，與同儕們共同建構「教學實務智慧」，共同追求在教學成長道路上的幸福。如果把教學工作和醫學工作做一個比擬，就更容易理解了。教師工作和醫生工作一樣，都帶有強烈的臨床色彩，實在很難僅靠知識或者理論的教導，就能成爲好醫生或好老師。而造就好醫師或者好老師，除了個人的天份和努力之外，更有賴同事與師長的相互提攜與薪火相傳。也就是說「成爲良師」是一個既長期、複雜又專業的歷程，必須透過教師在教學現場的實踐與學習，經由「做中學、行中思」，才能有效建構教學實務智慧，進而提升學生的學習表現與成效。而教師在教學現場的實踐與反思固可視爲單獨且具高度個人主義的，但也須透過與他人的溝通和對話來達成的。因此，如何鼓勵、支持教師們與同儕專業互動，並提供教師在現場學習、解決問題時的校內外教學支持系統，以便讓教師追求成長幸福的「可能性」成為「既定事實」，應是教育行政機關及學校行政人員的主要工作之一。

## 專業發展導向教師評鑑的作法

在談完以教師專業發展評鑑做為教學現場學習的可能性之後，再談談教師要如何實際進行，才能最有利於教師的學習。首先，教師在參與教師專業發展評鑑之時，第一個工作便是和同儕們討論教師專業發展評鑑的規準，透過規準的討論，教師們更能確認哪些教學表現是有效的教學與班級經營實務，以及哪些表現可以更積極回應學生的學習。當然，教育部、各縣市教育局、學者們業已提出若干教師評鑑規準可供參酌，但是學校應有校本的評鑑規準，而各學年或各學習領域教師，當可自行根據校本規準研發自己的評鑑規準。

其次，教師們宜善用教師自評促進教學省思。在教師專業發展評鑑實務中，我力倡「自評即省思」的概念，是故建議教師可以善用自評工具，瞭解自己教學的優點和特色以及待改進和成長的空間，然後提出並落實專業成長的構想。當然，教師自評並不侷限於「自我評鑑檢核表」，尚有「自評報告」、「教室日誌」、「媒體紀錄與分析」、「第三者協助」、「學生回饋與表現資料」、「教學檔案」、「教學行動研究」等方式可供教師們參考採行。

接著，教師們應善用教師他評促進專業對話。在教師專業發展評鑑實務中，我亦力主「他評即對話」的概念，亦即形成性評鑑的重點不在給同事打分數、評等第，而是利用同儕互評等機會，進行專業對話，互相學習教學技巧，一方面增進同事間的情誼與信任關係，另一方面也對同事的教學提供實質的回饋。他評的方式不應侷限於教學觀察或者教學檔案評量。就以目前使用最頻繁的教學觀察與回饋而言，其方式與工具亦可相當多元，亦即可以依教師需求，一次只觀察一、二個指標，亦可以觀察所有的指標；觀察工具除採用制式的教學觀察表外，亦可以採用軼事紀錄、佛蘭德互動分析系統、在工作中、教師移動、語言流動等工具，甚至利用現代科技，進行教學錄影以及錄影後對教學表現做深入的對話與回饋，亦不失為可行的教學觀察與回饋活動。

再來，加強專業成長計畫的擬定與執行。在教師評鑑的實務運作中，教師評鑑只是手段，教師專業成長才是目的。因此，教師在自評與他評的過程中，必須加強教學省思與專業對話，然後提出專業成長計畫，才有其合理性和必要性。否則，為了評鑑而評鑑，年復一年的實施自評與他評，對於教師教學的成長並沒有實質的幫助，這樣的活動並沒有教育意義與價值，不做也罷。

最後要說明的是，學校宜善用並整合教師專業發展評鑑的兩個重要配套措施——「教學輔導教師」以及「教師專業學習社群」，來加速教師的專業成長。這裡要特別介紹臺北市富安國小的「教專三合一學校本位模式」供參酌。臺北市富安國小為了實踐同儕輔導與評鑑的精神，也為了發揮教學輔導教師的功能，教學輔導教師除了擔任教師專業學習社群的領頭羊外，也協助教師專業發展評鑑計畫的推動。也就是說，教學輔導教師帶著自己的夥伴教師（受輔導的教師），透過社群的團體成長模式，進行持續的專業對話以及和同儕協助入班觀察、檔案評量等過程，讓夥伴教師沒有被聚焦受輔導的壓力，也讓同儕有自評及他評的觀摩成長機會。而三個專業成長方案（教師專業發展評鑑、教學輔導教師和教師專業學習社群）的整合，不論經費的統籌運用，或是人力物力的結合，還是整體效益的展現，都有一加一大於二的綜效產生。

## 專業發展導向評鑑與績效評鑑的區隔

教師評鑑除了形成性評鑑之外，尚有總結性評鑑，也就是績效評鑑，必須加以處理。相對於績效評鑑，專業發展導向教師評鑑關注的是教師成長的態度與意願，是故教師與同儕之間的信任關係，以及行政人員和家長對於教師專業發展的支持，才是重點；至於教師評鑑工具的信效度、評鑑人員的公正性和代表性、評鑑結果的申訴制度等問題，並不是專業發展導向教師評鑑所關注的議題，但卻是績效評鑑所必須處理的。坦白的說，我對績效評鑑的研發與推動並沒有太大的興趣，我所念茲在茲的還是教師的專業發展。

以先進國家實施教師評鑑的經驗，大抵可以得到以形成性評鑑爲主，以總結性評鑑爲輔的結論。但依臺灣目前的教育情境脈絡，我強烈建議教師專業發展評鑑宜和教師績效評鑑作區隔，以確保教師的實施意願以及教師專業發展的可行性。另外，我亦建議當前教師績效評鑑的實施，應以有效落實現有的教師成績考核以及不適任教師處理兩者即可，不宜另立教師績效評鑑機制，以免基層教師的負擔過於沈重，整日爲了應付評鑑反而失去了現場教學品質的正常運作與提升，進而阻礙了在教學路上追求專業成長的幸福，這是得不償失的。總之，如何鼓勵、支持教師追求專業，追求成長的幸福，才是當前教育改革的要務。

本文轉載並修改自：張德銳，「在教學路上追求成長的幸福」，師友月刊，551期（2013-05-01）：15-19。對於師友月刊主編同意轉載本文，敬表謝忱。

# 9

# 教師專業發展評鑑與教學革新的整合——並行不悖

爾來臺灣中小學課室教學的革新可謂風起雲湧，學習共同體、翻轉教學、學思達、分組合作學習、差異化教學等等，無一不衝擊中小學教師的教學。這些教學革新模式固然不是教師教學的唯一，但確實符應以學生學習爲中心的教育思潮，也和教師專業發展評鑑的目的和功能並不矛盾，甚至殊途同歸，這兩者應當加以整合並行，以發揮相輔相成之最大功效。

十二年前，我應邀參與教育部「公立中小學教師專業評鑑制度起草小組」，起草小組的組成分子主要爲教師代表、家長代表、行政人員代表以及學者專家。小組成員們對於教師評鑑的看法，並不一致，常因意見不同而有所爭辯。有些小組成員力主要以教師評鑑淘汰不適任教師，而有些成員則擬比照公務員的考績制度，對於久受詬病的教師年度成績考核要加以改革。對於上述訴求，我可以充分理解（事實上起草小組用了約一年多的時間對這些訴求一一加以回應和處理），但依我在中學現場的教學經驗，以及長期參與教師專業發展工作，總覺得上述兩個訴求固然有其合理性，但在實質上並無法有效提升教師教學的專業化，而教師教學的專業化才是目前我國教育改革最迫切需要進行的工作。

我是老師，我充分支持教師有效的教以及學生有效的學。唯有教師的教，學生的學被充分關注，這樣的教育改革才有意義，也才有價值。就在這樣的一個單純理念下，我力主把我國中小學的教師評鑑導向教師專業發展的方向，而不要專注在教師的成績考核或者不適任教師的處理上。我相信教師的教學若能走向專業化，不適任教師的問題應可獲得有效舒緩，而基層教師也會因爲專業能力的增強而不會擔憂年度績效的考核。

## 教專的精神與作法

就在這樣的一個脈絡下，教師專業以及教師的專業發展乃成爲起草小組成員們最大共識。在起草小組的學者專家堅持與協助規劃下，在無數對教師專業認同的中小學老師支持下，教育部乃在民國95年正式啓動了「教師專業發展評鑑（以下簡稱教專）實施計畫」。教專啓動以來，我一直力主教專計畫的五個精神：（1）以教師專業發展爲主軸；（2）鼓勵學校申請辦理，教師自願參加；（3）鼓勵教師以自我省思及同儕專業互動爲成長手段；（4）以精進教學和班級經營爲主要成長內涵；（5）期待學生的學習表現和成效能獲得有效提升。

教專的主要作法有四：第一，參與教專的教師應參與教師專業發展評鑑規準的討論，透過校本規準的討論和建構，教師們更能確認哪些教學表現在教學現場裡爲有效的教學與班級經營，以及哪些表現可以更積極回應學生的學習。第二，「自評即省思」，教師宜善用自評工具，透過教學省思，建構自己的教學實務智慧。第三，「他評即對話」，透過同儕評鑑的互動機會，一方面向同儕學習，另方面提供具體客觀的資料，支持與協助同儕建構教學實務智慧。第四，在省思與對話後，教師宜在既有的教學基礎下，提出並執行專業成長計畫。

我一向認爲教專的工作重點不在評鑑的形式，也不在書面的作業，而是在於教師在教學上的眞實互動以及對於教師教學的成長要有實質的幫助。如果對於教師的教以及學生的學沒有任何實質的幫助，這樣的活動將失去教育的意義與價值。

教專除了自評與互評之外，尚有兩個很重要的配套措施，亦即教學輔導教師的建置以及教師專業學習社群的推動。教學輔導教師制度主要提供一個教師領導的平台或機制，讓資深優良教師可以從事薪火相傳的工作。而教師專業學習社群則引領教師以同學年、同學習領域或者跨學年／領域的方式，組成學習團隊來加速教師的專業成長。

## 風起雲湧的教學革新運動

目前臺灣在實施十二年國民基本教育之後，中小學課室教學的改革可謂風起雲湧，從以往曾盛行一時的開放教學、小班教學、創造思考教學、建構式數學，到教育部於2012年在「關鍵五堂課」中所倡導的有效教學策略、差異化教學、多元評量等，以及目前報章雜誌所廣泛報導的學習共同體、翻轉教學、學思達、分組合作學習等多元的教學方法，雖帶給中小學教學改革的契機，但也令人擔憂改革是否可以持續以及改革是否能眞正有效提升中小學的教與學？

以學習共同體爲例，自從日本佐藤學教授的學習共同體之概念引進臺灣後，2012年首由臺北市、新北市、桃園市、臺中市、嘉義市等教育人員，紛紛組團前往日本參訪學習共同體學校，也開始試辦學習共同體方案，學習共同體在極短時間內，已成爲國內教育改革的顯學。另外，翻轉教學或學思達的理念和作法不但廣爲報章雜誌所報導，也有不少大學教師和中小學教師也紛紛開始嘗試這些有異於傳統的教學模式。

平心而論，上述教學革新模式企圖扭轉傳統講述教學和以考試領導教學的積弊，有其可取之處，但是教學既是科學也是藝術，不宜定於一尊。教學的科學研究告訴我們，教學要有效果，除了要學科概念以及概念的傳達清晰外，更要能變化多樣並時時聚焦於學習任務上。教學的藝術性則啓示我們，中小學教學現場極其複雜多變，學生的學習需求亦常有差異，是故爲了達成教學目標，宜尊重教師的教學專業自主權，允許教師依其對教學目標、教材內容以及教學情境的理解，在多元開放的基礎下，決定最適合學生學習的教學策略或模式。換言之，教學的多元優選的確是比較符合教學原理的。

其次，教師的教學方法如果要力求多元優選，則教師的教學確實除了要注意改善、提升既有的教學策略或模式外，亦宜與時俱進，學習新的教學模式或策略。當教師可以使用的教學工具庫愈加豐富多樣後，教師便可依學生能力、經驗、性向、興趣、風格、文化資本等種種的不同，採取適合的教學模式或策略來回應學生的差異性，這樣才能發揮有教無類的精神，進而達成因材施教的理想。

## 當教專遇到教學革新運動

教專在本質上與教學效能與教學革新運動是並行不悖的。但是很可惜的，許多不理解教專精神與作法的朋友常對教專無情的加以攻擊。如果是建設性的意見，我建議教育行政機關和各級學校應加以正視和改善。例如，許多參與教專初階人才培育、進階人才培育或教學輔導教師培訓的教師們常向我反映教專證書的認證要求過於繁瑣，因此實有必要加以簡化以及在維持證書資格基本水準原則下，適度地予以放寬。另有些老師們則擔心教專將來會不會轉變成爲考核老師或者實施教師分級制度的總結性評鑑，爲此我一再呼籲教育部實有必要確立專業發展導向教師評鑑的方向和決心，以安撫廣大教師們「談評色變」的心。

但是令人不解的是，部分倡導教學革新運動的教育界人士亦常發表教專不利於教師教學革新的言論。其主張主要有二：第一，好老師要專注於課堂教學，只要把書教好即可，不要把心力放在與課堂教學無關的教專工作上，因而產生「劣幣驅逐良幣」的現象。第二，面對紛至沓來的教育改革，老師們時間心力有限，不可能實施教專又實施教學革新工作，兩者若同時進行，定會讓繁重的教學工作雪上加霜。

對於第一點主張，我的想法是教室的教學當然很重要，但是教師不能把自己關在象牙塔裡頭，自以爲是，成爲保守封閉的老師。學爲良師不是一件簡單的工作，而教學是要反思以及與同事專業對話，才能建構個人的教學實務智慧。誠如美國教育學者柯理克曼（Carl D. Glickman）在《學習領導——如何幫助老師成功》（*Leadership for learning: How to help teachers succeed*）一書中所說的：

> 如果，作爲一位老師，
>
> 我經常使用過去的教學方法呈現相同的課程內容；
>
> 我不會由學生那裡獲得教學上的回饋；
>
> 我不會透過學生作業的分析評估，改善自己教學時的重點、教學方法和時間的掌控；
>
> 我不會觀摩其他老師的教學活動；
>
> 我不會和同事分享我的學生的作品，以進一步尋求他們的回饋、建議和批判；
>
> 我不會到其他學校觀摩他們的優點，或參與特定的工作坊或研討會，也不會閱讀專業的文獻以改善自己的教學實務工作；
>
> 我不歡迎具有經驗和專業的參觀者到我的教室實地觀察，並且針對我的教學實務提供回饋的意見；

> 我不會爲了改善孩子的學習而規劃一個年度個人專業發展計畫；以及最後一點，
>
> 我沒有針對自己、學年／學科領域、或整個學校的目標，發展出一個評量系統，以進一步檢視我的教學活動，
>
> 那麼，我就絕對不可能成爲一位更優秀的老師

「教學相長」、「知行思合一」、「個別成長與團隊成長並舉」是教師專業發展之道。教專的本質便是在肯定老師既有的教學基礎下，追求更優質的教學。優質的教學，無法故步自封，需要反思以及與人互動，這便是教專中自評與他評的要旨所在。其次，教專所倡導的教學觀察與回饋、教學檔案製作與評量、教學行動研究等項目，在在都鎖定在教師教學的互動與成長。教專的教學輔導教師制度以及教師專業學習社群的建構，也是鼓勵教師在團隊互動中攜手同心，邁向專業。

教專的本質不在評鑑，而是在專業發展。教專本身只是手段並不是目的，如果教專有目的的話，便是提供一個機制、一個平臺或一個支持系統，一方面讓老師的優質教學受肯定受滋長，另一方面鼓勵教師與時俱進，嘗試、容納更多的教學模式，進入自己的教學系統，擴大自己的教學模式和策略庫。以學習共同體爲例，實施教專的學校可以學習共同體的教學模式發展，或調整其校本的教師專業發展評鑑規準，然後在尊重教師教學自主權的前提下，鼓勵教師成立學

習共同體的專業學習社群，以及鼓勵教學輔導教師做學習共同體的示範教學。當然教師亦可在他評中實施學習共同體的備課、觀課與議課活動，進而達成專業成長的目標。事實上，許多參與教專的學校，例如臺北市國語實小就以學習共同體的作法融入教專的運作實務之中。

教專與學習共同體的關係是如此，同理與翻轉教學、學思達、分組合作學習、差異化教學、多元評量等教學革新模式的關係亦是如此。換言之，教專和諸多教學革新模式之目的和功能並不衝突的，是可以相輔相成的，兩者應當加以整合，只要對教師的教、學生的學有利的，雙方都不宜互相排斥，而應互相合作。一方面減輕基層教師的工作負擔，另一方面發揮整合後一加一大於二的效應。

對於教育改革，臺灣教育界的經驗實在太豐富了。君不見流行於教育界的一個順口溜：「教育改革像月亮，初一十五不一樣，管它一樣不一樣，反正到時都一樣。」由於改革舉措太豐富了，常讓基層人員應接不暇。是故我呼籲各種教改措施應儘量加以整合，並且儘量和教師的教學生活相結合，力求不要增加教師們的工作負擔。當教師們覺得做教專和嘗試教學革新是同一件事，可以一舉數得的，而且對於他們的教學確實有很大的幫助，這樣整合後的教改措施或許才能可大可久。

我相信不論是推動教專或者推動教學革新的有識之士應皆能體認：這兩個教育改革工作都是聚焦在教與學的革新，進而帶動學校整體的質變。爲了充分達成提升教與學品質之目的，這兩方面應做緊密的結合與協調，以「肯定教師既有基礎下，追求更優質的教學」爲共同努力的焦點，如此才能發揮衆志成城的效益。

推動教專以教學革新的教育界人士皆宜堅信：學校存在的主要目的在於學生的學習，沒有學生學習，就沒有教師的教學；沒有教師的教學，就沒有行政的存在必要。是故無論是行政人員、教師、家長皆應重視學生學習，爲學生的學習而教學、爲學生的學習而行政，一起以支持、服務、提升教與學爲己任。這才是教專推動者與參與教學革新人員的共同核心理念與價值。

本文轉載自：張德銳，「並行不悖——當教專評鑑遇到教學革新」，師友月刊，580期（2015-10-01）：42-47。對於師友月刊主編同意轉載本文，敬表謝忱。

# 10

# 不適任教師的處理——預防勝於治療

> 我相信沒有老師願意成爲不適任教師，如果能透過初任教師導入輔導以及資深教師專業成長與輔導，讓每位教師都發展成爲優秀的教師，這才是預防不適任教師的正本清源之道，也才是教育界的當務之急。對於教學發生困難的教師，我們也有責任協助他們解決教學的困境，但在面臨不適任教師的問題時，爲避免影響學校教育的清譽，我們還是要有壯士斷腕的決心。

猶記十三年前，我應邀參與教育部「公立中小學教師專業評鑑制度起草小組」，小組中的家長代表力主以教師評鑑淘汰不適任教師，以確保學生學習權益。對於處理不適任教師的訴求，與會代表大多表示理解和支持，並努力以建立不適任教師的參考基準、處理流程和注意事項加以回應，只是對於訴求中以一定比例的方式（例如每年5%或10%）淘汰教師，與會代表（包括我本人）則持保留的態度，因爲如果這樣做的話，不但會危及教師工作權的保障，還會造成校園生態的動盪不安，結果將是弊遠大於利，爲智者所不取。

不適任教師的存在，猶如教育界的病與痛，我們必須勇敢面對和處理。對於不適任教師，如果用一個人的疾病必須加以預防和治療來比喻，是很適當的。也就是說，對於不適任教師的問題，我們必須先努力加以預防，避免其存在。但如果眞的發生了，就必須及時加以治療，不能諱疾忌醫，進而危及學校教育的健全發展。

不適任教師的類型常分爲「教學不力或不能勝任工作」、「行爲不檢有損師道」及「經合格醫師證明有精神病者」等三類，其中家長和社會大眾最關心的係第一類，而這也是學校最難以處理的一種，本文限於篇幅，將以教學不適任教師的預防與處理爲論述標的，並提出解決機制。

## 預防的第一個機制——初任教師導入輔導與評鑑

不適任教師的預防與處理，在歐美先進國家實施教師評鑑的理論與實務中，業已獲得相當程度的解決。歐美先進國家在實施一個完整的教師評鑑制度時，通常會包括三個方案，第一個方案係「初任教師的導入輔導與評鑑方案」。該方案主要是對任教二至四年內的初任教師，一方面提供密集的輔導，另方面施予嚴密的考核，以確保初任教師的教學發展與績效責任。在導入輔導方面主要是由歐美先進國家行之有年的「教學輔導教師」（mentor teachers）來提供的；而在考核方面，主要是由行政人員來實施，這種「白臉」與「黑臉」有所區隔但雙管齊下的策略，可做爲提升教師教學品質並預防不適任教師的第一個機制。

由於初任教師剛接教職，可塑性最強，其所面臨的問題與挑戰也相當嚴峻，這時如有一位資深優良的師傅教師（即教學輔導教師）來陪伴、支持與輔導，不但可以解決初任教師的教學問題，提升其教學專業能力，並培養其正向發展的教學態度。同樣的，對師傅教師的自我實現及專業成長也是很有幫助的，是故歐美先進國家不遺餘力在推動這個用意十分良善的制度，其所投入的人力與物力資源也相當可觀。我國從2001年在臺北市中小學開始推動教學輔導教師制度，而初任教師導入輔導的成功案例，可見諸於我本人及高紅瑛老師所主編的《同儕輔導——專業成長故事集》。

但由於初任教師的教學能力與態度仍屬不確知的狀態，或由於初任教師經過一段任教時間後，覺得人格特質不適合教職工作，在教學能力方面也無法適應教職的挑戰，是故這段聘用期在歐美先進國家通常被定位為「試用期」，在二至四年的試用階段，初任教師可以考慮自已的教職選擇是否正確，而學校校長每年必須經由多次的教學觀察來確定初任教師的教學能力與態度，並透過這種嚴密考核與篩檢，來確保初任教師的教學品質。也就是說，密集的協助、支持與輔導可以有效提升初任教師的教學能力與態度，而嚴格的評鑑則可以做好教師素質的前端控管，兩者缺一不可，不宜有所偏廢。

## 預防的第二個機制——資深教師專業成長與輔導

初任教師在經過二至四年的初任期後，就開始長達20、30年的另一個教學階段，這時隨著教學知識的不斷發展以及教學環境的瞬息萬變，資深教師有必要與時俱進，才能適應教職環境的挑戰，否則「昨日的名師將成為明日的不適任教師」。是故教師本人、學校和教育行政機關都有責任促進教師的專業成長，並在過程中實施專業發展取向的教師評鑑。

「資深教師專業成長和輔導方案」主要是容許資深教師以專業學習社群或個人自主學習的方式，依據其成長需求和學校的革新目標，訂定合作式或個別化專業成長計畫，然後經由教師同儕以及行政人員的協助，不斷的往更專業的方向進展。「立足專業，永續發展」是這個階段教師的責任與使命，也是我長期倡導同儕輔導和教師專業學習社群的用意，而教師專業學習社群實施成功的案例，可見諸於我和高紅瑛老師所主編的《攜手同心——教師專業學習社群故事集》。

在教師評鑑機制上，我主張的評鑑機制是專業發展導向的教師評鑑。在此一評鑑實務中，教師平時只要專注於課程教學及專業成長即可，另在每三或四年實施一次的教師評鑑循環中，教師可以透過自評的方式，反思自己的教學，另透過教學觀察與回饋、教學檔案製作與評量、教學行動研究等他評過程，與教師同仁進行教學上的專業對話與討論，並為來年的專業成長計畫做準備。由於專業發展導向教師評鑑的唯一目的在發展教師的教學實務智慧，它和教師成績考核以及教師分級制度是脫勾處理的。

我非常認同教師專業的重要性，並且堅信廣大教師群的專業發展是事不宜遲、刻不容緩的工作，而合理可行的形成性教師評鑑可以作為教師專業發展之用，而不是給老師威脅或作價值判斷，這便是我長期支持並參與教育部「教師專業發展評鑑計畫」的主要理由。當教師有了堅實的教學專業能力與態度，不但可以做爲我國教育革新與永續發展的關鍵力量，也是確保教師不致淪爲不適任教師的不二法門。就像一個人有了強健的體魄，就可以有較強的免疫力，來預防各種疾病的侵襲。

## 處理的機制——同儕協助及審查方案

很不幸的，人不是神，難免會生病，有了小病，如果能充分休息與提供養分，往往可以自行痊癒。但有些病況還是要借助醫生的診斷和治療，才能有效治癒。同樣的，每一位教師在教學過程中，難免會遇到困難，如果能主動調適，困難不但可以解決，自己的教學經驗也可以不斷的提升和改造。但是如果遇到自己無法解決的困難，就有必要尋求校內外同儕的協助，以免既有的教學困難成爲「冰凍三尺非一日之寒」的宿疾，終致無法補救的地步。另一方面，學校的教學輔導教師也應該對同仁的教學困難，存有「救人一命勝造七級浮屠」的胸懷，在同仁的教學瀕臨險境之時，及時伸出援手，讓教學困難教師不致淪爲不適任教師的地步。

復由於教學困難教師的輔導是一個相當艱鉅的任務，教學輔導教師在輔導教學困難教師時，不一定要侷限於一對一的輔導，必要時可以用二對一或三對一的輔導方式，給予教學困難教師有效的診斷和輔導。當然，教學輔導教師在執行其任務時，必須獲得行政人員在心理上以及實質上的充分支援，才能提高輔導成功的可能性。當教學困難教師的危機解除了，其所面臨的危險將化爲成長的動能和機會，其所造就的教師、行政、學生和家長皆贏的四贏局面，是何等的功德與恩典。

萬一不幸，一位教師確已達到不適任教師的地步，這時就應及時啓動不適任教師處理機制。歐美先進國家的第三個教師評鑑方案便是「處理不適任教師方案」，也就是說，教師評鑑以協助初任教師和資深教師的成長爲主，但是如果初任教師或資深教師被察覺在某一教學面向有不適任的狀況，則必須接受密集的協助與輔導。如果輔導不成，就只好壯士斷腕，經由「正當的程序」（due process，例如要正式通知當事人、給予當事人答辯的機會等），不續聘、停聘或解聘輔導無效的不適任教師。

不適任教師確實應當有退場機制，但問題是我國中小學固然已有不適任教師的處理機制，然落實的情況並不理想，其原因雖然部份是由於校內師師相護的人情困擾，但主要還是由於不適任教師的處理相當困難，其所花費的人力物力甚巨，處理不好非但吃力不討好，甚至難以避免走上法律訴訟的途徑，因此在學校實務處理上，往往以想辦法請疑似不適任教師提早退休或調校爲對策。

我在教育界曾聽到一個不適任教師處理的笑話，某一不適任教師在教學二、三年後常被舉報爲疑似不適任教師，於是他每二至三年便被迫申請調校，從某縣市的東門國小，調到西門國小，再調到南門國小，因聲名狼籍，在該縣市實在待不住了，便申請調到他縣市的北門國小任教，最後在另一縣市的內門國小申請提早退休，結束20多年來誤人子弟的任教生涯。

有鑑於不適任教師危害教育界甚巨，爲了有效落實處理不適任教師，我支持全國教師工會總聯合會所作的建議：參考美國「同儕協助及審查方案」（peer assistance and review，簡稱PAR方案），修改教師法，在教育主管機關之下，成立「教學專業審查委員會」的機關，並設立專職的教學輔導教師，協助學校做專業診斷並輔導教師精進教學，以利不適任教師的處理。如全國教師工會總聯合會所建言的，該委員會並不影響校方教評會的現有權責，而是從中協助，提升教評會調查、輔導和評鑑的精準度，並減少曠日廢時且無效的官司訴訟。據我個人的了解，美國有些地方學區的「教學專業審查委員會」確實在不適任教師處理上，發揮了相當大的功能，有值得借鏡的地方。

但是我並不支持全國教師工會總聯合會以「不適任教師處理」代替「教師評鑑」的構想，因爲誠如上述所言，教師評鑑絕大部份的功能在促進初任教師以及資深教師的專業成長，而不適任教師處理只是教師評鑑的一小部份。沒有了初任教師導入輔導與評鑑以及資深教師的專業發展評鑑，教師評鑑將失去了預防不適任教師存在的功能，因小失大，爲有識之士所不取。

##  防弊不如興利——把每位教師都帶上來

教育的理想是把「每個孩子都帶上來」，同樣的，教師專業發展的理想是「把每位教師都帶上來」。防弊不如興利，我相信沒有老師願意成爲不適任教師的，如果能透過初任教師導入輔導以及資深教師專業成長機制，讓每位教師都發展成爲優秀的教師，這才是預防不適任教師的正本清源之道，也才是教育界的當務之急。

我心中的理想是在教育界建立一個「善的循環」，也就是鼓勵學校的資深優良教師，經過自我更新與彰權益能的歷程，秉持「愛與奉獻」的服務領導精神，主動出面帶領初任教師和自願成長的教師，扮演教師領導角色，發揮影響力，支持同儕專業成長，當新一代的初任教師逐漸成長茁壯，發展成爲資深優良教師時，當能進一步發揚「薪火相傳」的神聖使命，帶領後輩成爲更優秀的教師，這種「以善引善」的愛的循環，就是教育界最值得耕耘的福田。

當然，就像一個健康的人有時難免會遭逢罹癌等大病，在學校裡，如果我們不幸面臨不適任教師必須加以處理時，絕不能諱疾忌醫，必要時，還是要有動手術割除「教育之癌」的決心，因爲我們實在不忍心因爲癌細胞的擴散而危及了整個學校教育的發展和清譽。

本文轉載自：張德銳，「預防勝於治療——談不適任教師的處理」，師友月刊，585期（2016-03-01）：30-35。對於師友月刊主編同意轉載本文，敬表謝忱。

# 11

# 教學分軌與教師生涯進階——教師專業發展的激勵機制

在教師專業發展的制度設計中，光有專業發展活動的倡導是不足的，中小學教師在職成長如缺乏激勵機制，將影響教師在職成長的意願。為調動教師工作及專業發展上的積極性，行政與教學雙軌進階途徑可以先做。而教師生涯進階在目前中小學的教育環境下，其推動固然有其困難度，但還是要有前瞻性的思考與規劃，並循序漸進地穩健推動。

民國60年代我在師範校院就讀教育學程，班上的同學素質相當優秀，記得我那時報考的是大學聯考的乙組（人文及教育組），要能考上臺師大各學系，必須在全部乙組考生前三或五百名之內才有希望，畢業後班上同學除了少數從事社會教育事業之外，多數還是從事教職。但很可惜的是，我們班上同學的專業發展狀況，並不理想，目前仍在教職崗位的也屈指可數。我常在想，如果我們國家有一個設計完善、執行有效的教師專業發展激勵系統，中小學教師們會不會更有動力永續成長，並且也較願意在教職上發揮更大的影響力？

國內現在不管是教育部、各縣市教育局或各級學校，都在不遺餘力地倡導教師進修和實踐本位的教師學習，但現實的情況是，我們國家相當缺乏一個強而有力的機制，激勵教師學習與成長，因此願意學習和成長的總是那些老面孔，而不願意學習和成長的老師，你也拿他莫可奈何。更何況，即

使那些願意學習成長又有教學熱忱和經驗的老師們，也缺乏一個生涯發展的管道或舞台，讓他們的潛能有充分發揮的機會，進而有益於國內整體教與學環境的改善與提升。

談到教師專業發展的激勵系統，依歐美先進國家的經驗，當屬「教師換證制度」以及「教師生涯進階制度」。教師換證制度係擬比照醫師、社會工作師、心理師、護理人員等專門行業，必須在一定的期限（例如每六年）提出完成繼續教育的證明文件，辦理執業證照的更新。在我國於民國67年曾由當時的教育部李元簇部長指示實施「教師十年換證」，但由於當時我國中小學進修未能普及和教師的反彈而功敗垂成。如今事過境遷，又已過了近40年之久，我國中小學教師進修制度已有長足明顯的進步，教師換證也許有實施的可能性，但是我想還是會面臨教師反彈的老問題。

至於教師生涯進階制度在我國的規劃亦頗有歷史，民國83年第七次全國教育會議的結論，以及行政院教育改革審議委員會在民國85年的總報告書中都建議：「應儘速建立教師進階制度，並提供多元管道協助教師生涯發展。」民國89年教育部開始委託國立高雄師範大學教育學院蔡培村院長研擬「高級中等以下學校及幼稚園教師分級實施辦法草案」，草案中將中小學教師分成初階教師、中階教師、高階教師、顧問教師四級，並明定教師之職責按其級別有所區分，教師現行之年資提敘維持不變，但學術研究費依教師之晉級情況支給。

我不太喜歡用「教師分級制度」這個名稱，因為「分級」似乎有給中小學老師分高下等第的意涵，但我支持應提供中小學教師有一個合理可行的升遷管道，來協助教師生涯發展。我也主張未來我國中小學教師生涯進階制度中，各階的名稱應儘量依其工作任務來命名，最好不要有高低之分的等級名稱，否則會引起教師們的反感。

教師生涯進階制度在我國倡導了近20年，但成果相當有限，究其主因還是教師們並不支持，甚至有反對的聲浪。我國教師之所以反對教師分級制度，究其原因至為複雜，一般說來，不外由於下列四個因素：懷疑教師評鑑的公正公平性；帶給教師更多的心理壓力；造成教師的不穩定感與不安全感；增加教師進修研習的工作負擔和費用等等。另外，教師間根深柢固的同儕平等文化，也使得教師們難以接受教師職位分等級的區別。

在面對這樣理想與現實差距的情況下，我認為目前還不是實施教師生涯進階制度，特別是「強制式」教師生涯進階制度的時機，但應事先加以籌謀規劃，並逐步穩健地推動。先行易者，後及難者，據此，我認為應先行提供教師教學與行政分軌的進階途徑，等教學分軌制成熟了，再行推動「自願參與式」的教師生涯進階制度，這樣循序漸進式的推動，固然步伐較為緩慢，但是比較能適應當前校園民主化的氛圍，所遭遇到的阻力較小，也較能真正帶給教師們在專業地位以及教師待遇上的福祉。感恩國家給我服務的機會，在諸多教育前輩的指導和觀念引領下，經過無數次會議的討論，我把這兩個教師專業發展的制度設計，寫入了教育部在民國101年12月所發布的《中華民國師資培育白皮書》之中。

## 教學分軌進階途徑的設計

「教學分軌進階途徑」係指在現行的學校行政軌道外，另行建立一個與行政軌平行但可相互轉換的教學軌。這種教學與行政雙軌進階途徑，各軌有其對應的專業標準與表現指標、專業培訓課程與認證流程，以及各自擔負的職責。

在中小學教學現場，有愈來愈多的老師對於從事學校行政工作並沒有興趣，他們並不想當組長，甚至考主任或考校長，但是他們對於學校中教與學的發展卻有很大的熱情，我們應該引導這一股巨大的改革潛能做充分的發展。因此，對於有教學專長但無意願擔任學校行政人員的中小學教師，教學年資滿三年以上，我們可鼓勵其擔任學年主任、領域召集人、社群召集人或者課發會委員等，之後，具有教學卓越與輔導人格特質者，我們可鼓勵其接受專業培訓成爲「實習輔導教師」、「薪傳教師」，再進階成爲「教學輔導教師」，讓他們有發揮同儕輔導功能的校內歷練後，鼓勵其進一步接受國教輔導團人才培育及認證，成爲「縣市國教輔導團輔導員」，進而可被遴選成爲「中央課程與教學輔導諮詢教師」。

教學與行政雙軌進階途徑是爲了符應學校組織在本質上即是「雙重系統理論」。在雙重系統組織中，通常會搭配使用「雙元升遷階梯制」，亦即我們應該要在學校組織中設置兩個階梯，其中一個是「行政管理階梯」，另外一個爲「教學專業階梯」，兩個階梯無分軒輊，是同等的重要。就像在醫院之中，也是採用雙元升遷階梯制，行政人員做醫院行政方面的決定，而醫生擁有醫療專業知能，有權決定如何醫療病人。據此，爲推動教師專業化，我國中小學有必要讓專業教師在教學上有進階的軌道，成爲教學領域的領導者。另外，考慮到學校行政人員大多爲教師出身，爲讓教師與行政人員有交流的機會，在一定的資格和條件限制下，宜讓雙方有轉換軌道的可能性，例如教務主任卸下職務後，可擔任教學輔導教師或國教輔導團團員，反之亦然。

「教學分軌進階途徑」的設計，相當符合目前我國教學專業的現況，其副作用甚小，但教師們確實可以發揮「教師領導」的應有功能。落實執行後，除了要給專業教師尊榮感和成就感之外，也要依進階途徑給予這些老師酌減授課時數的待遇，讓老師們有多餘的時間和心力來從事教學輔導、研究發展與參與決策的工作。另外，如能給予這些教師工作津貼等實質上的獎勵，也是一個不錯的誘因。

## 教師生涯進階制度的規劃推動

如果「教學分軌進階途徑」能夠實施成功，當可爲教師生涯進階制度打下一個良好的基礎。但是有鑑於教師生涯進階制度的實施困難，我建議宜把握「自願參與原則」，亦即無論是新進教師或現任教師，皆不予強迫；有意願參與的教師，進階後可選擇繼續進階，也可停留原階級不動。讓老師保留自願參與的權利，應該是化解教師反彈的必要舉措。

另外，依據「階別功能化原則」，我建議將四個階別教師名稱暫定爲「初任教師、中堅教師、教學輔導教師、研發教師」。初任教師之職責係執行課程教學、班務經營、學生輔導等教學及輔導工作；中堅教師的職責另須從事教材教法的設計與開發；教學輔導教師則另須從事教學輔導、課程與教學的研究；研發教師還必須從事與教育革新相關議題的研究工作，並參加學校革新、教育實驗、社區資源整合等校務發展事項。而教學輔導教師得減授一至二節課；研發教師得減授三至四節課。另外，如能給予教學輔導教師和研發教師，有較高的學術研究費，應該是一個很有力的誘因。唯這些實質上的獎勵應該都是外加的，不能影響到其他職別教師的權益。同時，教師職級的劃分，應僅爲區分各級工作職責時所用，對外不分階別，一律稱爲「教師」。

爲了提升中小學教師的專業地位以及鼓勵教師們參與教師生涯進階制度，我建議「研發教師任滿七年得休假進修一學期」。這個中小學教師休假進修的設計，係比照大學教授休假進修的規定，一方面企圖提高中小學教師的地位能與大學教師並駕齊驅。另方面讓中小學教師有一個較長的休假時間到國內在職進修機構做長期學習，特別是到國外的教育機構觀摩學習最新的教學知識與技能，而於學成歸國後，有益於國內教與學的革新與發展。

由於教師生涯進階制度影響教育生態甚鉅，我建議在規劃、推動、檢討等過程中，如何與各級學校、教師組織、校長協會、家長團體等代表，建立對話溝通平臺，化解並降低各界對教師生涯進階制度的爭議與疑慮，是非常重要的。另外，分期試辦也很重要，亦即依學校規模、區域性質，擇其代表學校推動試辦，以供未來持續檢討改進之依據。最後，配套措施的齊備更是制度推動的必要，亦即現有資源組織的善用、評鑑專業人員的訓練、評鑑系統的研發、經費預算的編列、校園生態的調整、教師進修研習系統的統整等諸多事項，其種種事前工作的籌備與評估，均宜詳加妥善研議規劃並漸進推展執行。

總之，爲調動教師工作及專業發展上的積極性，教學與行政雙軌進階途徑是可以考慮先做，而教師生涯進階制度在目前的中小學教育環境下，其推動固然有極大的困難度，但還是需要有前瞻性的思考與規劃，循序漸進地穩健推動。如何配合教師的生涯發展，提供教師升遷發展的機會，讓資深優良教師能獲得榮譽上以及實質上的肯定，進而發揮教師領導的巨大潛能，這才是制度規劃的最大考量。而次要的功能才是對於那些久任教職但不求精進的教師，有一個促使其不斷學習與成長的鞭策作用。

在尊重教師現有生態以及校園民主的氛圍下，「教學分軌」與「教師生涯進階」這兩個教師專業發展的激勵機制，可以鼓舞教師跳脫傳統的保守性，超越眼前權益的視野，走向爲教職生涯的終身發展，做一個更富前瞻性與系統性的思維與行動。衡諸教師專業發展的重要性，這兩個機制是教育界有識之士可以共同努力的目標。理想總是在前方，但是追求理想需要一群人一步一腳印的努力才能開展教育的美好前景。

本文轉載自：張德銳，「教師專業發展的激勵機制——教學分軌與教師生涯進階」，師友月刊，586期（2016-04-01）：31-35。對於師友月刊主編同意轉載本文，敬表謝忱。

# 12

# 教師領導——學校改革的巨大潛能

「學校是學習者與領導者的社群，每位教師都可以成爲領導者」。在中小學教育現場，只要用心學習，就可以成爲專業型的教師；只要有心付出，就能成爲教師領導者。教師領導在學校改革上具有巨大潛能，非常值得國人加以喚醒、發掘、培植和運用。

我從民國69年開始在國中任教，一晃眼間，已經是36年了，在中小學教育現場我觀察到有四種類型的教師：第一種類型的教師，我稱之爲「專業型教師」，他們對於教學專業工作的投入與奉獻，十分令人敬仰；他們不僅書教得好，也十分關心自己以及教師同仁的專業成長。第二種類型的教師我稱之爲「保守型教師」，他們雖有很好的教學經驗和能力，但由於家庭負擔等種種因素，他們只求把教室的份內工作做好即可，而不願意爲教學創新和校務發展，付出額外的時間和精力。第三類型的教師是「初任型教師」，他們雖然具備高度的服務熱忱，但往往由於教學經驗和能力的不足，常常受到挫折而感到沮喪。第四類型爲「不適任型教師」，這種老師爲數極少，但對於學校發展的危害卻極大，他們僅僅爲了糊口維生而勉強工作，並且常常自以爲是，既缺乏問題的覺察意識，又缺乏解決問題的能力。

復由於學校生態的不同，有些學校長期以來，由保守型教師主導教師間工作的氛圍，他們不但不願意革新，也在有形無形之間排擠、阻擋了專業型教師的發展機會，而初任型教師有樣學樣，跟著走入了「同儕平庸、專業沉淪」的老路。至於不適任型教師則在「大樹底下好乘涼」的狀態下，少有見光處理的一天。所幸，我觀察到有愈來愈多的學校，其教師文化是由專業型教師所主導的，這些教師以其專業及熱情，不但帶領初任型教師走向專業，也引導著保守型教師在同儕合作的氛圍下，看到教學創新和永續精進的可能性。一旦同事有難，將墜入不適任的深淵時，他們也能挺身而出，帶領同事解決問題，走出困境。

可見學校辦學的「向上提升」或者「向下沈淪」，其關鍵之一就是在於讓這些有能力又有意願的專業型教師們發揮「教師領導」的功能。爲了學校教育的革新和發展，我們應該在中小學校園裡廣爲倡導、發掘、栽培更多更優質的專業型教師，並讓這些老師的潛能有充分發揮的管道，讓他們有更多的機會引領教師同仁走向專業精進、合作分享的教育康莊大道。

## 什麼是教師領導

教師領導係指「教師依其正式職位或以非正式的方式，在教室內，特別是超越教室之外，貢獻於既是學習者也是領導者的社群，影響他人一同改進教育實務，進而提升教與學的歷程。」上述定義有下列五個要點：（1）教師領導是教師發揮正向影響力的歷程；（2）教師領導可以發生在教室內，但更被期待能走出教室發揮正向的影響力；（3）

教師領導可以發生在正式職位上，更可以發生在非正式職位上，不一定要有正式職位才能發揮影響力；（4）教師領導的較佳管道係以同儕輔導和專業學習社群的方式，讓教師們得以集體合作的方式互相學習、分享、解決問題；（5）教師領導只是手段，它本身並不是目的，其目的在提升教師教學與學生學習。當然，教師領導任務的達成，有賴行政人員和家長的通力合作，並不是教師領導者所能獨力承擔的。

我相信在中小學裡每一位教師，只要用心學習，都可以成爲專業型教師，皆有極大的潛能可以成爲教師領導者。教師領導者除了最基本的，要把自己的班級和學生教好之外，更可以在同儕之間扮演專業發展促進者的角色，例如：隨時隨地對同事提供諮詢、擔任實習輔導教師、教學輔導教師、學年主任、學習領域召集人、專業學習社群領頭羊等。在學校層面，教師領導者可參與校務的發展與決策，例如：出席校務會議、行政會報、教師評審委員會、課程發展委員會、學生獎懲委員會、校長遴選委員會等。在校外的層面，教師領導者若行有餘力，便可從事更專業性的服務，例如：編寫教科書或補充教材、參與各縣市或全國性的教師專業組織或學術團體、以及擔任各縣市國民教育輔導團團員或者中央課程與教學輔導諮詢教師等。

## 教師領導的三個實例

爲了推廣教師領導的理念和實務，我和前臺北市文化國小高敏麗主任共同主編了一本專輯——《喚醒沈睡的巨人——教師領導故事集》。這本專輯記載著我們和一群中小學實務人員所曾經訪談過的12位臺北市中小學教學輔導教師，他們所展現的教師領導事蹟，其中三個實例如下：

1. 文化國小王金燕老師

> 沒有耀眼的資歷，沒有輝煌的頭銜，沒有成冊、成堆的亮麗出版品，卻在學生的成長，家長的交心，特教的深耕，輔導的園地，夥伴教師的專業成長中，獲得豐碩、甜美、獨特的粒粒果實。

這是臺北市文化國小老師們送給他們心中所敬愛的王金燕老師一本紀念相簿裡的一段文字，道盡金燕老師熱愛教育、深耕教學、盡心助人的特質。每當有人讚美她：「你這麼優秀，怎麼不去當主任呢？」金燕老師總是笑著回答說：「學校可以當主任的優秀人才很多，站在基層教師這個位置，我感覺更能體悟學生與老師的需求，在適當的時機給予更實質的幫助」。

擔任三屆教學輔導教師召集人、教師會會長、輔導組長、資料組長等資歷，讓金燕老師那思考周延、熱心助人的本質展露無疑。她的身邊，總是不乏前來尋求諮詢請益的老師；她的桌上，往往貼了密密麻麻要給老師回應的便條紙。當她將老師們請求協助的事情做好，回到班上擔任導師工作時，她也是位讓孩子安心，讓家長放心的良師，並隨時準備伸出援手，提攜需要幫助的後進。正因爲如此，所以金燕老師的愛，即使在她退休之後，仍在學校每位同仁的心中，在每位家長與孩子的感謝裡，傳頌不已。

2. 弘道國中林鴻儒老師

弘道國中林鴻儒老師從夥伴教師、教學輔導教師、學校行政人員一路走來，扮演過許多不同的教師領導角色：從2000年初任教師擔任學務處的副組長、2003年藝術與人文領域召集人、2007到2008年擔任學校的教師會長。之後陸續擔任教學組長、教務主任、總務主任皆是因爲他所說的：「每天我進這個弘道校園，看到這個美麗的校園，就想爲這個校園多付出一分心力，爲這所國中努力。」

鴻儒老師認爲2008年接受教學輔導教師的培訓，是一個讓他重新找回教學熱情的課程。在整個過程當中，任課教授所講的，其實只不過是帶領大家，從「心」去思考：「我們爲什麼要當老師？爲什麼要帶領夥伴老師攜手走向專業？」當他看到夥伴們心情低落的時候，他的心情也會跟著難過；當他看到夥伴們有高興的事情的時候，他就會過去沾沾喜氣。因爲夥伴們一起成長的那種感覺，是世上沒有任何東西可以取代的。

在擔任教學組長、教務主任的時候，鴻儒老師則以其教務行政的戰略地位以及過往諸多教師領導的經驗，統整推動各領域的教學活動，並整合教學輔導教師團隊、教師專業發展評鑑與教師專業學習社群，規劃足以滿足多數老師需求的教師成長活動。讓每位老師都能有所成長，把每位老師都帶上來，是他服務奉獻時所抱持的胸懷。

3. 景美女中陳嘉英老師

1962年由鄧玉祥校長所創校的景美女中，設有數理資優班、語文資優班及美術資優班，是一所「景美、人美、心美」的好學校。陳嘉英老師長期擔任景美女中語文資優班教師及召集人，兼任臺北市高中國文科輔導網教師，亦爲教育部國語推行委員會華語組委員、教育部國文學科中心召集人、種子教師培訓教師。對於國文教學教材教法、閱讀教學、寫作教學、課程設計都有深入的研究。跨出國文專業領域，她還是文山貓空解說員。她無怨無悔的度過每個非常忙碌的日子，把自己獻給景美女中、獻給教育界。

多年的教學生涯並沒有消磨嘉英老師的教育熱忱，從小就是個乖乖牌，只有「在教學上叛逆」，由於不滿足教學現狀，她總是想著「還有什麼可以做的」的自我探索，即使花很多心力也甘之如飴。她持續研究、發表論文、撰寫著作，不斷自我精進。忙碌的教學與研究中，嘉英老師還常設法找時間去臺大、政大聽課，或是參加學術研討會。對教學有著浪漫的信念，她說教書是理想、是興趣，而不是職業，她一直都樂在教學、享受教學。

在不斷自我精進、自我更新的同時，她樂於與校內外同仁傳承及分享。從「我來」、「我先做」、「我服務」做起，帶領老師們編織教學的夢想網。嘉英老師帶領老師們先定位課程方向，再轉化爲具體清晰的歷程，由簡單入手，然後再逐步的細緻化和複雜化。也就在一次次的對話當中，嘉英老師和老師們建立相濡以沫的革命情感。嘉英老師認爲在教育路途上，每位老師都是教育行列中的一個尖兵，當前面有人時，會有一種「德不孤，必有鄰」的感受；當後方的人有所依循時，便可以知道自己也是可以開創道路的人。這樣一個接一個的薪火相傳，教育的生命便在這裡圓滿完成與生生不息。

## 喚醒沈睡的巨人

我相信在校園的每一個角落有不少像以上三位這樣的老師，他們是人世間的光、教育界的鹽。他們所散發出的人性光輝讓教育界更純潔亮麗，他們所提供的營養，讓教育界更飽滿健康。如果像這樣的老師能夠充分被發掘，並讓他們有自我實現的機會，那麼我們學校的發展何愁不能前進？我國教育的改革何愁不能成功？

我堅信教師本身便是改革的主體，而不是被改革的對象。但是很可惜的，教師領導者雖然擁有巨大的改革能量，但在國內近幾波「由上而下」的教育改革浪潮中，都沒有被充分的發掘和運用，可以說是一個亟待喚醒的沈睡巨人。也就是說，在每一所學校裡，都有一群可以成爲教師領導者的沈睡巨人，而這群人擁有巨大的改革能量，如果能加以倡導、發掘、培植和運用的話，他們可以成爲學校的中流柢柱，可以成爲爲提升教師教學以及學生學習而進行「由下而上」改革中，強而有力的促進者和推動力。

誠如哈佛大學教育學者巴斯（R. S. Barth）所說的：「學校是學習者與領導者的社群，每位教師都可以成爲領導者」。我相信學校裡除了校長領導之外，更需要教師領導。校長領導和教師領導是並行不悖，可以相輔相成的，兩者既分工又合作，齊心協力共同做好學校改革的工作。每位教師和每位校長一樣，既是學習者也是領導者，共同建構一個專業的教育社群，也共同爲學校改革與發展的美好願景，攜手努力。

本文轉載自：張德銳，「教師領導——學校改革的巨大潛能」，師友月刊，587期（2016-05-01）：33-38。對於師友月刊主編同意轉載本文，敬表謝忱。

# 13

# 教師彰權益能
# ——活出增值的人生

在教育的大愛中，一位好老師要讓愛活出來，發揮自己的專家權和參照權，並自我實現。而「學習」更是一種爲服務他人所儲備的能量，如果教師能發揮專業自主權又能隨時隨地增強自己的能量，便可開創出有意義且不斷增值的人生。

最近又重看了《戰爭與和平》的文學鉅著及根據書中故事所改拍的影片，故事以拿破崙侵略俄國的戰爭爲中心，描述了1805至1820年期間，俄國四大家族以及安德烈、皮埃爾、尼古拉、娜塔莎、瑪麗雅與海倫等男女主角，在戰爭與和平環境中的思想與行動，充分展現出當時俄國社會的風貌，以及大文豪托爾斯泰人文寫實主義的情懷。

看完之後，心中有許多感觸，除了祈願美麗的寶島臺灣永享和平的日子，永無戰爭的摧殘之外，也感受到故事中各個活生生的人物，或因時代背景，或因其獨特的個性，或因其理性或慾望的抉擇，而有不同的命運。有的遭受戰爭炮火的無辜波及而命喪黃泉；有的受困於權力宰制與利慾薰心而害人害己；有的則本於善良的人性，並在戰爭中殘存下來而重建幸福的人生。但總而言之，故事的主軸係在藉由戰爭的無情來彰顯和平的可貴，人世間正向的激勵力量會戰勝負面的毀滅力量，而人性中的眞善美比起人性中的假惡醜，又是多麼地珍貴。

## 善盡專業權力，增益專業知能

另一個體悟是，人生無常，世事多變，但我們宜在無常多變的社會中，以愛立足，活出大愛，並且不斷學習適應，充實自我，才會有幸福美滿的人生。就如同故事中的男主角安德烈，雖然因熱愛國家而戰死，但他在臨終前學習在寬恕中昇華自己，而原諒了誘拐他未婚妻的情敵。另一個男主角皮埃爾雖然嚮往自由、平等、博愛的法國革命理想，但是也在無情戰爭中，體會了以暴力達成理想是多麼地不可取，而物質的榮華富貴總是浮雲，樸實簡單的生活才是人生的眞諦。女主角娜塔莎則學會了在天眞、善良、活潑的個性下，如何適應愛情的現實面，堅毅地活下去，追求自己幸福美滿的人生。

同樣的，身爲老師的我們應當慶幸自己有一個和平安全的環境，讓我們耕耘教育這一畝福田。如果我們能在每一個傳道、授業、解惑的日子裡，活出愛並且不斷增強自己的知能，帶給教育界正向的力量，那又是何等的幸福！也就是說，如果我們能夠以愛爲名，彰顯並善盡專業權力，在瞬息多變的教育環境中，不斷增益我們的專業知能，成爲既專業又優秀的老師，這便是當代許多教育學者不遺餘力地倡導「教師彰權益能」的本意。

## 什麼是教師彰權益能

教師彰權益能係指「教師專業權力與能力相互增益的歷程」。也就是說，一位成功的老師在三、四十年專業的生涯之中，當具備充分的專業知能，擁有專業自主權與地位，實施專業判斷並且負起專業責任，參與校務決策，促進校務發展與革新，進而提升學生學習的成效。

上述定義有下列四個要點：（1）教師彰權益能是強調教師權力和能力相互增長的歷程，有時是教師權力的彰顯促發了教師能力的相對增長，有時則是教師能力的發展，贏得了更多的教師權力與地位。（2）教師彰權益能是一種專業發展的動力歷程，宜由教師自發地發展自己的能力，而不能過度依賴外力或外在誘因。（3）教師彰權益能可以發揮在兩個領域上：教室內和教室外。所以教師不能以做好教室教學為滿足，必須參與校內外教學事務的發展與協作。（4）教師彰權益能並不是純粹為了彰顯教師的專業自主權，而是要負有績效責任的，也就是把每個學生都帶上來。

本人長期倡導「教師專業主義」，非常認同教師彰權益能這一個概念。教師彰權益能可以鼓舞、指引教師們承擔專業責任，並肯定自己的專業價值，是一種在當前臺灣教育界非常值得倡導的理念。我想一位理想的教師應該是以愛為本，讓愛活出來，並且不斷學習的好老師。好老師除了在教室中做一位優秀的老師之外，更能走出教室，秉持人生以服務為目的之情懷，發揮更大的教師專業權威與影響力，成為既「彰權」又「益能」的現代理想教師。

## 教師彰權益能的三個實例

爲了推廣教師彰權益能的理念和實務，我和簡賢昌博士曾經主編了一本尚未出版的專輯《臺北市中小學教師彰權益能故事》。這本專輯記載著我們和一群中小學實務工作者所訪談過的17位臺北市中小學師傅級教師，其中三位所展現的教師彰權益能事蹟，轉述如下：

1. 民生國小戴敬蓉老師

臺北市民生國小戴敬蓉老師自認爲是一個超級不甘寂寞的人，所以很愛跟同事分享自己的心得。「親愛的！」是她和人打招呼的開場白，她資深，但不倚老賣老，教學有熱情、有創意，指導學生參加各項閱讀、演講、作文、說書人、學習檔案等比賽更是常勝軍。她認爲教學輔導教師（師傅教師）制度最大的優點，在於可以名正言順幫助學校裡的同事，提供資訊或者資源給夥伴老師也不會不好意思，因爲分享就像對外灑香水，芬芳別人也芬芳自己。敬蓉老師也常接受他校的邀約到各校分享教學理念與實務，她認爲因爲是外校，收穫會更多，不但可以學習別人或別校的優點，走出去可以看得更多，看得更廣，自己就不會只是一隻井底之蛙。

此外，敬蓉老師也不斷在教學現場學習與成長，在研究所進修時大量吸收資訊，讓自己有更廣闊的視野，對教學也有比較多面向的思考。此外，重視家長、孩子和孩子間的看法，期勉自己能察覺更多末微的細節，進而思考如何去調整、去改善。敬蓉老師與孩子的互動，包括生活起居、心理輔導等都能得到孩子的信任與家長的認同。

2. 木柵國中林杏紅老師

臺北市木柵國中林杏紅老師從初任教師到教學經驗豐富的教學輔導教師，這段歲月中持續樂於學習，使自己不斷增能，從而出類拔萃，例如爲了精益求精，杏紅老師和語文領域的老師們在每個月的國文領域會議上，討論各人的新點子。經過腦力激盪以後，大家紛紛提出更好的想法，讓新點子更豐富、更周全，也激發杏紅老師源源不絕地想出更多創意教法。

杏紅老師在校園裡發揮專業積極負責，提升學生的學習成效。她覺得木柵國中的學生純樸可愛，又與同事默契十足，且校園充滿溫馨和諧的氛圍，讓她愛校如愛家，打算一直在木柵國中教到退休。杏紅老師素有「創意點子王」美譽，在學校服務期間，她的創意教學源源不斷。她是學校裡九年一貫課程國文科的種子教師，由於認眞教學曾榮獲臺北市多個獎項，更令人津津樂道的是把令人頭痛的自學班帶起來，變成校內的優秀班級。

3. 建國中學曾政清老師

長期從事資優與科學教育的建國中學曾政清老師，認爲在資優教育中，「分享」是很重要的，如果每個人都只憑一己之力解決困難，或者只想獨善其身，那麼個人與社會的發展都會受到侷限。所以，在教育的場域中，他努力增加分享的平臺，使教師間傳承經驗與啓發創意產生交互作用，激盪出智慧的火花與彼此的友誼。例如2005年建中作爲教育部「數學學科中心」之後，政清老師便集合專家學者的意見，推動教師專業發展系統的整合與資源研發分享計畫。他並南北奔波親自到臺灣地區各個縣市的高中（包括偏鄉、私校）宣講，提升老師們命題評量的知能與技術。

政清老師堅持「專業－多從學習中得來」，並於2005年榮獲臺北市特殊優良教師表揚。但在這之前，他曾一度覺得教書這個行業很單調，時間一久，難免彈性疲乏。直到有一次擔任實習輔導教師，才讓政清老師領悟到教學創新與知識分享的重要。實習老師在觀課後委婉地告訴他和學生互動太少，而他也發現實習老師採多媒體教學，並呈現師生互動，教學時學生的注意力集中，也較有學習興趣。而不斷地「不恥下問」，也是政清老師學習與成長的另一個途徑。

## 開創不斷增值的人生

以上三位教師的故事，只是全國衆多優秀教師中的三個而已，相信在校園的角落，一定有更多彰權益能的老師，他們以人爲本，以愛爲名，盡心竭力地服務學生、服務同事、服務學校、服務社群，讓自己的專業權威與影響力發揮得更加淋漓盡致。他們不斷地在教學現場、在跨校或跨領域專業學習社群、在教師研習中心、在師資培育機構等場域努力學習與成長，然後將自己的成長經驗與心得，和同事們協作與分享。散發出的人性光輝，讓教育界更亮麗；提供的正向力量，讓教育界更生生不息。

這些眞實的例子，不禁讓我想起《戰爭與和平》劇中的一句千古不朽名言：「作爲一個人必須要：生活（live）、愛（love）與信仰（believe）。」同樣的，一位好老師也是如此。他要相信人性本善、要堅信人性的光輝與正向力量，以愛爲本，在教學生活中讓愛活出來，發揮自己的專家權與參照權，獲得學生、家長和同事們的認同，並在教育界自我實現。當然，學習更是一種成長、一種幸福、一種爲服務他人所儲備的能量。有了愛，又能隨時隨地增加自己的能量，便可開創出有意義而且不斷增值的人生。

本文轉載自：張德銳，「教師彰權益能——活出增值人生」，師友月刊，588期（2016-06-01）：68-73。對於師友月刊主編同意轉載本文，敬表謝忱。

國家圖書館出版品預行編目資料

教師專業：教師的生存發展之道／張德銳著. 一一初版. 一一臺北市：五南，2016.09
面； 公分.
ISBN 978-957-11-8735-8（平裝）

1.教師 2.教師專業資格 3.文集

522.07 105013601

1IZK

**教師專業：教師的生存發展之道**

作　　者 — 張德鋭（220）
發 行 人 — 楊榮川
總 編 輯 — 王翠華
主　　編 — 陳念祖
責任編輯 — 李敏華
封面設計 — 陳翰陞
出 版 者 — 五南圖書出版股份有限公司
地　　址：106台北市大安區和平東路二段339號4樓
電　　話：(02)2705-5066　　傳　真：(02)2706-61
網　　址：http://www.wunan.com.tw
電子郵件：wunan@wunan.com.tw
劃撥帳號：01068953
戶　　名：五南圖書出版股份有限公司

法律顧問　林勝安律師事務所　林勝安律師

出版日期　2016年9月初版一刷
定　　價　新臺幣250元

凝煉知識品味閱讀